§ 이 책에 쏟아진 찬사

"일반적인 대인관계나 조직 내 인적자원관리의 성공은 상대로부터 스스로 자발적 동기를 얼마나 이끌어낼 수 있느냐에 달렸다. 버크만은 개개인의 니즈에 대한 정확한 정보 제공은 물론 관계에 대한 올바른 접근법까지 소상히 제시해줌으로서 이러한 자발적 동기유발 극대화에 결정적으로 기여하고 있다. 그런 의미에서 이 책은 사무실 책상에 꽂아두고 봐야 할 책이다."

정태영(현대자동차(주) 국내영업본부 수석권역장, 교육학 박사(Ph.D))

"인문학의 최대 과제는 '나는 누구인가?'의 문제와 '인간의 탁월성'에 대한 탐색이다. 진로 설계, 직업 선택의 첫걸음은 자신에 대한 이해와 자신의 탁월성 및 적성에 대한 탐색으로 시작된다. 버크만 진단은 이러한 탐색 도구로서의 '탁월성'을 지닌 진단이기에 이 책을 추천하는 것이 즐겁고 행복하다."

조만업(가천대 고용&직업상담학과 교수)

"성공한 기업의 숨겨진 힘은 사람에 있다. 함께하는 구성원들에게 어떻게 동기부여를 할 것인지, 그리고 그들에게 어떻게 무슨 일을 시킬 것인지, 그에 대한 답을 찾고 싶다면 이 책을 보길 바란다. 조직 관리의 비법을 알고 싶은 모든 리더에게 이 책을 권한다."

함흥룡(한국마이크로소프트사 상무)

"우리는 늘 사람을 이해하고, 어떻게 동기를 부여할 것인지가 가장 큰 고민이다. 버크만 진단은 조직의 리더는 물론 인간관계 개선에 관심이 있는 모든 사람들에게 그 해법을 제시해준다. 지금보다 더 나은 삶을 원하는 조직과 사람들에게 이 책을 적극 추천한다."

허남철(경영학박사, SK텔레콤고문)

"우리가 원하는 진정한 행복은 자신을 이해하는 것에서 출발한다. 버크만 진단은 자신과 타인을 입체적으로 바라 볼 수 있는 거울이며 우리가 더 행복하게 살아가기 위해서 어떻게 변화해야 하는지를 알려주는 나침반이다. 이 책을 통해 많은 사람들이 참된 자기를 만나고 행복의 문에 성큼 다가서길 기대한다."

현미숙(하우코칭 대표이사)

"사람을 움직이게 만드는 요소를 아는 일은 중요하다. 매일 함께 일하는 사람들을 이해하면 직원들에게 더 큰 기회를 줄 수 있고 더 강력한 팀을 만들 수 있다. 이 책은 쉽게 쓰였으면서도 독자에게 깊이 통찰하고 이해하는 힘을 준다."

스티브 러프버로우(굿윌 인더스트리스(Goodwill Industries) 최고경영자)

"버크만 진단은 배우는 과정에 있는 모든 사람에게 인식, 이해, 지혜의 폭을 넓혀주는 도구다. 버크만 방식의 강점은 나와 타인과의 상호작용이 어떻게 이루어지는지 이해하게 해준다는 점이다. 이는 내가 누구이고 어떻게 행동하는지 보여주는 기반이 된다. 이 책에는 누구나 공감할 수 있는 사례가 많이 담겨 있다."

켈리 D. 빈(UCLA 경영자 과정 부학장)

"신념과 인식은 아주 위험하다. 이 두 가지 때문에 많은 것이 희생될 수 있기 때문이다. 버크만 프로젝트는 나와 타인에게 존재하는 신념과 인식을 알아보는 데 도움이 되었다. 하지만 더 중요한 점은 버크만의 방식이 대립적이지 않고 열린 방식으로 이 두 가지를 이야기할 수 있는 틀을 제공한다는 점이다. 버크만 진단을 몰랐다면 어떠했을지 상상도 못하겠다."

저스틴 페어(파이 스트레터직 매니지먼트(Pi Strategic Management) 상무)

"버크만 진단은 독특한 접근법으로 여느 심리 진단 도구들과 차별화된다. 우리는 지난 11년 동안 직원 4,500명에게 버크만 진단을 받게 하였다. 지금도 이 진단 덕분에 직원들의 발전과 팀 구축을 위한 노력이 가치를 발하고 있다."

마지 풀(센터포인트 에너지(CenterPoint Energy) 조직개발부 선임컨설턴트)

"《버크만 프로젝트》에는 풍부한 자료를 바탕으로 버크만 진단을 설득력 있게 설명하고 있다. 이것은 사람들이 일과 성공에 대해 오랫동안 품어온 부정적인 가정을 버리게 해주는 진단이다. 이 책은 경영자와 관리자가 '조직에 누가 가치를 더하고 누가 더할 수 없는가?' 같이 사람을 구분하려는 고정관념을 깬다. 21세기 노동 시장에서 노동력은 갈수록 다양해지고 있다. 이러한 상황에서 이 책은 생산성을 극대화해야 하는 임무를 짊어진 리더들이 꼭 읽어야 할 책이다."

프라이스 M. 콥스(《Cracking the Corporate Code》의 공저자, 퍼시픽 매니지먼트 시스템스(Pacific Management Systems) 최고경영자)

"버크만 진단은 자신의 행동을 객관적으로 바라보고 생산적인 논의와 변화를 이끌어갈 수 있게 해준다. 동시에 측정 가능한 자료를 조직에 제공한다. 《버크만 프로젝트》는 마음을 사로잡는 책이다."

수잔 다이아몬드(여성 기업인 협회(Women Presidents' Organization) 부원장)

"《버크만 프로젝트》는 눈에 보이지 않지만 성공을 이끄는 동기 요인과, 역시 눈에 보이지 않지만 실패를 가져오는 장애 요소를 명석하고 효과적이며 포괄적으로 다룬 책이다. 이 책에는 효과적인 리더십과 재능 계발을 촉진하기 위해 본질적인 동기 요인을 밝혀야 할 필요성이 강력하게 입증되어 있다. 풍부한 사례 덕분에 다양한 문화의 리더들에게 필독서가 될 만한 책이다."

조지 콜라이저(국제경영개발원(IMD) 리더십과 조직행동학 교수)

버크만 프로젝트

대한민국 직장인을 위한 재능 발견 보고서

BIRKMAN

버크만 프로젝트

METHOD

샤론 버크만 핑크 · 스테파니 케이퍼렐 지음

김은경 옮김 | 버크만코리아 감수

Winner's Secret Library · 위너북
WINNER'S BOOK

어떻게 일할 것인가

우리는 사람들이 저마다 성격과 생각이 다름을 안다. 하지만 '어떻게' 다른지에 대해서는 굳이 궁금해하지 않는다. 상대를 궁금해하지 않으면, 나와 '다르다'를 '틀렸다'라는 잘못된 결론으로 이끌기 쉽다. 이로 인해 우리는 상대를 인정하기보다는 무시하거나 체념하거나 또는 방관하게 된다. 우리가 직장생활을 하며 겪는 대부분의 어려움이 일 자체의 어려움보다는 사람과의 관계에서 오는 스트레스임을 생각하면, 서로의 차이를 인식하는 일이 직장인의 성공, 나아가 기업의 성공을 좌우한다는 결론을 쉽게 도출할 수 있다.

최근 취업포탈 잡코리아에서 직장인 600명을 상대로 설문한 결과, 직장생활 만족도가 가장 떨어지는 순간이 '일이 적성에 안 맞거나 재미가 없을 때'라고 한다. 또한 이직 선택 시 가장 중요하게 생각하는 조건으로 '업무 환경'을 꼽은 사람이 가장 많았다. 즉 사람들은 연봉보다는 일의 재미와 환경을 더 중요하게 생각하는 것이다. 이렇게 더 나은 업무 환경과 아직 발견하지 못한 자신의 적성을 고민하는 모든 이들에게 버크만 진단이 구체적이고 효과적인 솔루션을 제공할 수 있다.

우리는 하루 24시간 중 최소 9시간, 많게는 그 이상의 시간을 회사에서 일을 하고 업무와 관련한 사람들과 관계를 맺는 데 보낸다. 그만큼 많은 시간을 함께하기에 그에 대한 고민도 크다. 이러한 상황에서 우리 회사가 다양한 진단 도구들 중에서 버크만 진단을 선택한 이유가 여기에 있다. 버크만 진단은 직업을 갖고 있는 모든 현대인들의 자기 진단 도구로서 큰 힘을 발휘한다.

2012년 한국에 공식적으로 버크만 진단이 런칭되면서, 현재까지 2만여 명이 넘는 사람들이 버크만 진단을 받았고, 버크만코리아를 통해 교육받은 버크만 컨설턴트는 현재까지 1,000여 명이 넘는다. 또한 2년 남짓한 기간 동안 100여 곳이 넘는 기업과 공공기관, 학교에서 버크만 적용 교육이 진행되었다.

2014년 3월, 96세로 타계한 로저 버크만 박사는 버크만 진단을 통해 인간의 삶이 더 행복해질 수 있기를 기대하며, 70년 가까이 오로지 버크만 진단 연구에만 주력했다. 그의 간절한 바람을 담은 버크만 진단이 한국 시장에 본격적으로 보급되면서 많은 이들에게 행복을 전도하고 있다.

나는 《버크만 프로젝트》의 감수 작업을 진행하면서 다시 한 번 버크만 진단의 효과를 체험할 수 있었다. 동시에 버크만 진단 결과가 보여주는 인간의 정확한 이해에 놀라움을 느꼈다.

버크만 진단은 개인이 가진 고유한 독특성을 다양한 관점에서 보여준다. 자신이 세상을 바라보는 관점이 어떠한지, 타인에게 어떻게 보이는지, 그리고 내면에 숨어 있는 욕구를 찾아 이를 통해 스트레스의 원인을 알려준다. 나아가 자신을 정확하게 인식하여 삶을 스스로 모니터링할 수 있도록 도와주고, 타인에 대한 이해를 통해 사회관계에서 유연성을 가질 수 있다.

특히 본 책《버크만 프로젝트》에서는 11가지 관계 요소를 통해 인간 내면의 섬세한 차이를 발견할 수 있다. 이를 통해 나와 그들이 왜 그렇게 행동했는지 이해하고, 갈등을 최소화하는 데 도움을 준다. 또한 이 책에서는 직장에서 일어나는 문제들과 그 원인을 다양한 사례를 통해 알려준다. 그동안 이해할 수 없다는 이유로, 변하지 않는다는 이유로, 일을 못한다는 이유로 누군가를 방관하고 있었다면, 이 책을 통해 비로소 마음을 열 수 있게 될 것이다. 그리고 자신이 '타인을 충분히 이해하려 노력했지만 그들에게 문제가 있었다'고 생각한 것이 대단한 착각이었음을 느끼게 될 것이다.

버크만 진단은 다른 진단 도구들과 차별화되는 부분이 있다. 현재 전 세계에 보급되고 있는 대부분의 성격 진단 도구들은 개인의 특성을 분류하고, 유형화해서 보여준다. 반면 버크만 진단은 자신의 특성을 이해하는 것뿐만 아니라 내적 동기의 지표인 욕구를 다룸으로써 관계 속에서의 나와 상대방을 더 깊이 이해할 수 있다는 강점을 지니고 있다.

버크만 진단이 갖고 있는 장점은 개인과 기업에게 모두 다 효과적이다. 이때 기업은 대기업이든 중소기업이든 규모와 상관없이 팀을 꾸려서 일하는 모든 조직이 해당된다.

개인적인 측면에서 버크만 진단 결과는 스스로도 인지할 수 없었던 자신의 깊은 내면의 모습을 발견하게 되어 자신의 가치관을 재정립할 수 있다. 이미 진단을 받은 사람들의 말에 따르면, 자신이 어떤 일을 할 때 가장 즐겁고 최고의 성과를 낼 수 있는지를 알게 되었고, 무엇보다 사회관계를 유연하게 대처하는 방법을 알 수 있게 되었다고 한다. 이러한 자신의 강점을 알게 된 사람들은 행복감을 경험한다. 자신이 무엇을 좋아하고 잘해낼 수 있는지를 알고, 스스로 만족할 수 있는 능력과 성취감을 느낄 수 있는 방법을 알게 된다면 진정 행복한 삶을 누릴 수 있을 것이다.

기업 측면에서는 구성원들을 다양한 관점에서 이해할 수 있도록 하고, 조직 내 관계 대응전략을 수립하여 소통하는 조직문화를 만들어 최고의 조직 활성화를 이루는 데 도움을 준다. 버크만 진단의 최고 강점은 팀 빌딩을 위한 최적의 도구라는 것이다. 이는 미국뿐만 아니라 국내의 많은 기업에서 이미 검증되었다. 이외에도 신입 직원의 조직 내 적응을 위해 개인별 전략을 수립할 수 있고, 리더십 교육에서는 구성원들에게 동기를 부여하며, 커뮤니케이션 교육에서는 어떻게 원만하게 소통할 것인가를 파악하도록 해준다. 특히 조직의 구성원이 최고의 성과를 낼 수 있도록 업무분장을 할 수 있는 핵심 키워드도 버크만 진단 결과를 통해 알 수 있다.

버크만 진단은 경력 설계 측면에서도 도움이 된다. 자신이 즐겁게 일할 수 있는 분야를 파악할 수 있고, 스스로의 일처리 방식을 알게 됨으로써 적합한 직업과 직무분야를 설계할 수 있다. 그러한 분야에서 자신이 어떻게 행동하여 관계적인 측면에서 성공할 수 있을까도 함께 계획할 수 있다.

《버크만 프로젝트》의 번역 출간을 통해 많은 사람들이 인생의 중요한 좌표를 찾길 바란다. 이 책이 독자들의 행복한 삶을 설계할 수 있도록 도울 것이라 기대한다. 진정한 소통을 원하는 조직에게는 최고의 선물이 될 것이며, 팀 빌딩을 통해 조직의 활성화를 이루고자 하는 기업에 새로운 센세이션을 일으키게 될 것이다. 버크만 진단을 통해 성공한 미국의 많은 기업들처럼 말이다.

버크만코리아 사업총괄
박숙정 상무

우리는 모두 자신만의 재능이 있다

기업이 가장 어려운 일의 하나로 꼽는 것이 직원들을 이해하고 인력을 유지하는 일이다. 경영자들이 많이 던지는 질문은 "우리는 어떻게 직원들을 채용하고 관리하며 유지할 것인가?"이다. 기업 운영은 만만치 않은 일이지만 사람을 관리하는 일은 더 만만치 않다.

사람들은 바로 이런 이유 때문에 버크만 진단을 받는다. 버크만 진단을 통해 직장에서 가까운 사람들과의 관계를 향상시키고 삶을 개선할 수 있기 때문이다. 지난 60여 년 동안 50개가 넘는 나라에서 수백만 명의 사람들이 긍정 심리학을 기반으로 한 버크만 진단을 받았다. 버크만 인터내셔널Birkman International의 고객은 〈포춘Fortune〉 선정 500대 기업과 더불어 수많은 비영리 단체, 교육 단체, 종교 단체, 소규모 자영업체, 부부, 가정을 포함할 정도로 증가했다. 버크만 인터내셔널 최고경영자인 본인은 매일 세계 각지의 컨설턴트들에게 이메일을 받는다. 우리는 전 세계 직장인들을 대상으로 버크만 진단을 기반으로 한 버크만 프로젝트를 실시하고 있다.

내 아버지 고故 로저 버크만 박사의 이야기로 이 책을 시작하려 한다. 루터교 목사의 아들로 태어나 부끄럼을 잘 타고 생각이 깊었던 아버지는 '사람'이라는 주제에 매료되었고, 그래서 사람들을 예리하게 관찰했다. 특히 제2차 세계대전 때 B-17 폭격기 조종사로 복무하는 동안 특별한 상황에서 다양한 사람들을 경험했다. 그러면서 '인식'이 '행동'에 미치는 영향력을 목격했다.

아버지는 전쟁에서 돌아와 당시 한창 성장하던 분야인 사회 심리학에 발을 들여놓았다. 벤자민 프루처, 워렌 베니스, 에이브러햄 매슬로와 같은 분들과 더불어 아버지는 심리학을 직장에 적용한 선구자였다. 이는 당시에 급진적이고 새로운 개념이었다. 아버지는 다양한 근로자들에게 '당신은 어떤 사람이며, 일을 어떤 식으로 합니까'라는 질문을 던지며 버크만 진단을 개발해나갔다. 영업사원과 트럭 운전사에서 경비원과 고위 경영자에 이르는 다양한 직종의 사람들을 인터뷰한 내용은 긍정 심리학 설문지의 토대가 되었다. 이 설문지는 처음에 '사회성 이해 테스트A Test of Social Comprehension'라 불렸다.

항상 앞선 기술을 좋아하던 아버지는 1960년대에 검사 참여자들의 응답들로 구성된 조사 데이터를 아이비엠IBM 대형 컴퓨터에 입력했다. 이러한 자료를 바탕으로 조사 영역을 전 세계 직장으로 확장하면서 추세의 흐름과 세대 간 변화를 추적했다. 중요한 사실은 그러한 정보가 어떻게 개인 근로자들이 조직 문화를 형성하고 큰 체계에 적응하게 되는지 보여준다는 점이었다.

다행히 아버지는 그 일을 혼자 하지 않았다. 아버지는 재향군인 관리국에서 주관한 나들이에서 당시 여군에 소속된 어머니를 만났다. 마거릿 수 리스, 나의 어머니는 사람을 이해하는 일을 향한 아버지의 열정을 공유했고, 아버지의 사명을 믿었다. 두 분은 1년 후 결혼했다. 어머니는 아버지 곁에서 함께 일하다 2007년 세상을 떠났다.

어린 시절 추억을 떠올려보면 저녁 식사 자리에서 두 분이 일이야기를 나누던 날들이 생각난다. 버크만 진단을 완성하는 일은 두 분이 사로잡혀 있던 열정이고 꿈이었다. 아버지는 그 당시 검사 참여자들의 행동 패턴을 찾기 위해 밤마다 숫자와 문장으로 가득 찬 색인카드들을 세세히 검토했다. 당신의 생각이나 조사 결과를 어머니와 논의하는 때도 많았다.

직장에 다니는 어머니들이 거의 없던 시절 내 어머니는 버크만 조사를 하는 아버지를 온종일 보조해야 했기에 나를 두 살 때부터 보육시설에 맡겼다. 이때 나를 평생 따라다닐 흥미 분야가 만들어졌다.

유치원 원장 선생님은 음악을 사랑한 뮤지컬 배우였다. 그분은 휴스턴 그랜드 오페라에서 열린 '나비 부인'의 어린이 역할 오디션에 나를 데리고 갔다. 나는 다섯 살 때의 이 경험으로 평생 음악을 사랑하는 사람이 되었다. 내가 선택한 첫 직업도 오페라와

뮤지컬 극장에서 노래하고 연출하는 일이었다. 하지만 좋아하는 일이 꼭 잘하는 일이 되지는 않는다. 또한 누구나 좋아하는 일만 하며 평생을 살 수 없다는 것을 알고 있다. 게다가 한 가지 일만 하기에 우리에게는 숨겨진 재능이 많다.

나는 다행히도 처음부터 음악과 버크만 진단이라는 두 가지 분야의 일을 했고 두 일을 모두 좋아했다. 사실 무대를 지휘하고 발성법을 가르친 일은 버크만 프로젝트에서 권장하는 팀 구축과 코칭 기술을 연습할 수 있는 기회였다. 음정이 맞지 않는 목소리 하나가 무대를 망치듯, 동료들과 조화를 못 이루는 한 직원의 태도가 팀을 와해시키거나 전체의 성과를 망치기도 한다는 사실을 깨달았다.

2001년 즈음 나는 가업을 이어받을 준비가 되었고, 그래서 부모님과 함께 승계 계획을 세웠다. 그리하여 2002년에 최고경영자가 되었다. 그 이후 10년 동안 버크만 데이터베이스에 약 100만 명의 자료가 추가되었다. 그러면서 총 매출이 약 40퍼센트 증가했고, 버크만 컨설턴트들이 활약하는 나라의 수도 두 배 이상 늘었다. 우리는 그동안 기업에 소속된 사람과 개인적으로 일하는 사람을 포함해 수많은 공인 컨설턴트를 훈련시켰다. 또한 계량심리학자들이 포함된 연구 부서를 확장했다. 그분들 덕분에 직업 보고서를 갱신했고, 포괄적인 인지 평가인 '버크만 능력 검사 Birkman Abilities Inventory'를 새로 개발했다. 우리는 매해 상당한 속도로 성장하고 있다.

지금 나는 부모님이 70여 년 전에 시작한 작업의 가치를 이해한다. 버크만 진단이 완성되기까지에는 부모님 평생의 노력과 투자가 뒷받침되어야 했다. 그럼에도 부모님은 버크만 진단이 사회적 기대감, 자기 인식, 흥미 분야와 스트레스 행동을 개인과 조직에 유용한 방식으로 측정할 훌륭한 도구라는 점을 처음부터 믿었다. 내 목표는 두 분의 유산을 지키는 일이다. 더불어 타인에 대해 방어적인 태도를 버리고 타인을 인정하며 이해할 때, 사람들 사이에 발생하는 기적을 계속 목격하는 일이다.

내 고조부는 1850년대에 독일에서 미국 텍사스로 왔고 버크만 Birkmann이라는 가족의 성姓을 그대로 썼다. 이 단어를 번역하면 '자작나무-사람'이라는 뜻이다. 자작나무는 무리 속에서 자란다. 적어도 옆에 다른 자작나무가 한 그루는 있어야 자랄 수 있다. 마치 사람처럼 혼자서는 자라지 못한다. 버크만 프로젝트는 개인과 개인의 관계나 개인과 팀의 관계에서 나타나는 사람의 잠재력에 주목한다. 이는 자신의 성과와 업무 만족을 이끌어내는 강력한 내적 욕구와 강점을 파악하는 데 도움이 된다. 버크만 프로젝트가 효과적인 이유가 바로 여기에 있다.

텍사스 휴스턴에서
샤론 버크만 핑크

| 차례

1장
버크만 진단이란

우리 모두에게는 강점이 있고 열정이 있으며 성공으로 이끄는 동기부여 요소가 있다. 또한 우리를 성공으로 이끌 특별한 업무 스타일을 각자 갖고 있다. 이런 이유 때문에 우리는 직장, 가정, 지역 사회에 기여할 수 있는 저마다의 가치를 지니고 있는 것이다. 그리고 바로 이러한 이해가 버크만 진단의 핵심이다.

버크만 진단은 개인의 잠재력을 끌어내고 극대화하기 위해 고안된 조직을 위한 진단 도구다. 이런 일이 가능한 이유는 버크만 진단을 통해 건강한 자기 인식을 하게 되고 자신이 사회라는 큰 그림에 얼마나 들어맞는지 깊이 이해할 수 있기 때문이다. 이러한 통찰력이 생기면 자신의 강점을 더욱 능숙하게 정의하고, 타인이 당신의 욕구를 존중하게 만들 수 있다. 뿐만 아니라 직장 동료와 지인의 강점도 쉽게 인정하게 된다.

어느 직장이든 성공적인 업무 현장은 구성원이 누구인지와 구성원 사이의 관계는 어떠한가에 달려 있다. 동료, 경영자, 부하 직원 사이에 건강한 관계가 형성되어 있고 직장의 물리적, 정서적 환경이 어느 정도 편안한 수준이 유지될 때 성과가 난다. 하지만 사람들이 이러한 생산적 관계의 핵심이 무엇인지 찾는 과정에서 직장을 둘러싼 근거 없는 믿음이 생겨났다. 바로 어떤 분야에 잘 맞는 개인의 특성이 따로 존재하고, 각 직업마다 한정적인 전문 기술이 필요하며, 또한 지도자 역할을 할 사람은 이상적인 자질이 있다는 믿음이다.

하지만 버크만 진단을 받은 한 사람, 한 사람의 결과를 보면 이러한 믿음이 틀렸음을 알 수 있다. 이 진단은 직업 측면에서 나타나는 모든 유형의 개인 성격을 객관적으로 다룰 수 있는 방법을 제공한다. 당신은 버크만 진단을 통해 직장생활에 대한 모든 면에서 구체적인 조언을 얻게 될 것이다. 가령 면접 때 자신을 어떻게 말해야 하는지 알게 된다. 또한 상사에게 이 진단의 결과를 보여주며 당신을 어떤 식으로 이끌어달라고 제안할 수도 있다.

이 진단에서는 그 사람의 기술 수준이나 기질, 경험의 정도는 측정되지 않는다. 다만 자신의 특징들을 어떻게 발전시키고 최대한 활용할 수 있는지 알 수 있다. 어쨌든 우리가 위대한 예술을 이해하기 위해 위대한 예술가가 되어야만 하는 것은 아니다. 미술품 사업에도 회계원이 필요하고, 공학 분야 업체도 제품을 팔아야 하며, 정유회사에도 인사 관리 전문가가 필요하다. 그리고 모든 기업마다 전략을 세우고 기획하는 사람들이 필요하다. 하지만 이러한 다양한 요구를 기업의 모든 사람들이 명확히 인식하는 것은 아니다.

버크만 진단은 겉으로 드러난 행동은 물론 개인을 움직이게 하는 근본적인 동기 요소까지 밝혀내는 유일한 진단 도구다. 이 진단은 선다형 평가로 시작되며, 이러한 평가를 바탕으로 당신의 흥미 분야와 욕구를 다층적으로 분석한 보고서가 제공된다. 이 보고서에는 개인 성격의 필수적인 측면들이 표시되어 있다. 가령 당신과 조직 내 권위자와의 관계, 성과급에 대한 당신의 반응, 변화를 다루는 당신의 능력 등이 나온다. 뿐만 아니라 당신이 쏟은 노력을 물거품으로 만들 스트레스 행동이 유발되는 요인도 알수 있다. 궁극적으로 이 모든 조각들은 '당신이 어떻게 세상을 바라보는가' 하는 명확한 맥락에 들어맞는 것이다.

버크만 진단을 고안한 장본인이자 직장 내 심리학 분야의 선구자인 로저 W. 버크만 박사는 이런 말을 했다.

"현실에선 옳든 그르든, 당신의 인식이 당신이 하는 모든 행동에 영향을 준다. 당신의 인식을 올바로 파악할 때 얼마나 많은 것이 제대로 이해되는지 경험하면 놀랄 것이다."[1]

---

1 로저 버크만, 《True Colors》(Birkman International, 1995).

이 책을 구입한 사람은 무료 버크만 진단을 받아볼 수 있다. 진단지는 미국 텍사스 휴스턴에 있는 버크만 인터내셔널에 자동으로 제출된다. 이 부분에 대한 정보는 부록과 제2장에 더 자세히 나와 있다. 간단한 개인 프로필 형태인 진단 결과는 당신의 이메일을 통해 PDF 파일로 제공된다. 물론 이 책에서 다루는 리더십, 직장생활, 생활양식에 대한 조언들을 살펴보기 위해 진단을 먼저 받아야 하는 것은 아니다. 하지만 당신에 대한 정보가 고스란히 담긴 결과지를 옆에 두고 이 책을 읽는다면 그 내용을 더 깊이 이해할 수 있을 것이다.

버크만 진단에서 그른 답이란 없다. 또한 생산성과 맞지 않거나 생산성을 방해하는 개인 특성이나 업무 선호도 같은 것도 없다. 다만 이 진단은 당신의 직장과 직장 내 사람들과의 관계를 바라보는 통찰력을 제공해준다.

버크만 진단은 개인에 대한 기본적 진실을 드러내는 데 도움이 된다. 가령 다음과 같은 질문이 그러한 역할을 한다.

ㅣ 당신은 지시와 권위를 얼마나 잘 수용하는가?
ㅣ 당신은 개인이나 팀과 관계를 얼마나 잘 맺는가?
ㅣ 동기부여와 보상과 관련한 당신의 기본적 욕구는 무엇인가?

또한 다음과 같이 좀 더 깊이 있는 질문도 다룬다.

| 당신이 타인에게 말하는 방식으로 타인이 당신에게 말해주기를 바라는가? 공적인 영역에서 보여지는 당신의 행동 방식은 당신의 개인적 욕구와 많이 다른가?

| 당신은 타인과 실제로 어떻게 관계를 맺고 있는가? 스스로 공평하다고 생각하면서 실제론 타인의 욕구를 무시하지는 않는가?

| 당신은 비록 예술적 재능은 별로 없지만 예술을 즐기지 않으면 기분이 언짢아질 정도로 예술에 강하게 끌리는가?

| 당신은 비판을 얼마나 잘 수용하는가?

| 당신은 자신을 얼마나 비판적으로 바라보는가?

버크만 진단은 당신이 가장 생산적일 수 있는 환경은 어떤 것인지 알아보기 위한 질문도 던진다.

| 당신이 가장 좋은 성과를 내는 때는 짧은 기간 동안 밀도 있게 집중할 때인가, 아니면 긴 시간을 두고 깊이 생각할 때인가?

| 당신은 업무 시간 동안 얼마나 다양한 활동을 원하는가?

| 당신은 당신을 강력하게 이끌어주는 사람이 필요한가, 아니면 자발적으로 행동하는 사람인가?

| 당신이 야외를 좋아한다고 해보자. 그러한 성향은 직장에서 당신의 행동에 어떤 영향을 주는가?

이 질문들을 통해 알게 될 결과는 당신이 예상한 것과 다를 수

있다. 가령 스스로 자발적으로 행동하는 사람이라 생각하지만 실제로는 막강한 권위자를 환영한다는 사실을 깨달을지도 모른다. 아니면 겉으로는 사회성이 아주 뛰어나 보여도 재충전을 하기 위해 혼자 충분한 시간을 보내야 한다는 점을 깨달을 수도 있다. 이러한 질문들이 감정이 개입되지 않은 객관적 방식으로 제시될 때 자신을 제대로 이해하게 된다. 그리고 직장 동료들도 이 진단에 같이 참여한다면 서로에 대한 이해의 폭이 훨씬 커질 수 있다. 이 책을 읽은 후 버크만 진단을 더 광범위하게 활용하는 방법을 알고 싶다면 공인된 버크만 컨설턴트의 상담을 받기를 권한다.

버크만 보고서는 아주 예리하게 초점을 맞추고 작성된 것이다. 그래서 매우 오랜 시간이 지나 진단을 다시 받아도 대개 결과가 동일하게 나온다. 이렇게 정확하고 포괄적인 결론이 나오는 이유는 오랜 시간 축적한 방대한 데이터베이스가 있기 때문이다.

버크만 박사는 1950년대에 진단 도구를 고안하기 시작했다. 이후 수십 년 사이에 이 진단은 개인의 동기를 유발하는 욕구와 핵심 흥미 분야를 측정하는 가장 정교한 도구로 자리매김했다. 유사한 진단 도구들이 근로자 유형에 대해 간략한 정보만을 제공하는 반면, 버크만 분석은 직장 내 인간관계, 직업 만족, 성과의 본질을 밝힌다. 버크만 진단의 강점은 다른 검사자, 다른 상황, 다른 문제와 비교 분석이 가능한 방대한 데이터베이스에 있다. 2013년 버크만 인터내셔널은 전 세계 약 300만 명의 진단 결과를 데이터베이스로 구축했다. 유사한 진단 도구들 가운데 이와 비슷한 수준의 조사 자료를 구축한 것은 없다고 감히 단언한다.

버크만 진단은 세계적으로 이용되고 있다. 전 세계 약 3,000명 정도 되는 컨설턴트들의 도움으로 22개 언어로 번역하여 제공되고 있다. 이렇게 많은 언어로 제공하다 보니, 다국적 기업과 조직에서 문화적 차이를 줄이는 데에도 이용하고 있다. 진단을 이용한 고객들은 이것이 실용적이고 이해하기 쉽고 통찰력을 제공해주었으며 직장생활과 개인적 삶에 긍정적 영향을 끼쳤다고 말한다.

사람은 자신이 좋아하는 일을 잘하고, 잘하는 일을 좋아하는 경향이 있다. 즉 열렬한 흥미가 있을 때 좋은 성과를 낼 수 있다. 그런데 당신은 당신에게 그러한 흥미가 무엇인지 명확히 아는가? 당신의 진정한 흥미 분야가 무엇인지 안다고 해보자. 그렇다면 오랜 시간 동안 그 흥미를 유지하기 위해 무엇이 필요한지 파악했는가? 아니면 직장을 좌절감을 느끼는 곳에서 성취감을 느끼는 곳으로 바꾸기 위해, 어떤 조치들을 취할 수 있는지 파악했는가?

신시내티에서 일하는 버크만 컨설턴트 토드 우터스텟은 버크만 진단을 더 폭넓고 중요한 사명을 이루기 위한 코칭 도구로 생각한다. 그는 이런 말을 했다.

"저는 개인이 스스로의 여러 가지 한계와 자신이 갇혀 있는 틀 그 이상의 존재라는 점을 사람들에게 가르치는 일을 좋아합니다. 버크만 진단은 그러한 사실을 객관적인 방식으로 알려주는 데 도움이 됩니다."

버크만 진단은 개인에게 초점을 둔다. 직업을 갖기 전이라면, 가능한 진로를 제시해줌으로써 수많은 종류의 직업 세계에서 방향을 잘 찾아가도록 도움을 준다. 그리고 직업을 찾게 되면 직장 내에서 갈등을 줄이고 인간관계를 향상시키면서 개인적 욕구를 충족시키는 방법을 보여준다. 당신이 평사원이라면 직장 내에서 보이지 않는 위험 요소들을 피해 성공을 이루는 방법을 알려준다. 뿐만 아니라 어떤 직원이 다른 직원과 충돌하는 이유를 말해주기도 한다(업무 방식이 다른 것뿐인데 자신의 일을 일부러 방해한다고 오해하는 경우가 많다). 그동안 성과를 많이 냈던 직원이 갑자기 허둥대는 이유도 알려준다(이는 타인에게는 사소할지라도 본인은 받아들이기 힘든 환경 변화 때문일 가능성이 높다). 또한 유능한 직원들로 구성된 팀의 팀원들이 화합하지 못하는 듯 보일 때 그 이유도 제시해준다(각 개인의 욕구들이 팀 전체의 바람과 맞지 않을 때 흔히 이런 현상이 발생한다).

나아가 최고경영자는 버크만 진단을 함으로써 자신의 강점과 비생산적인 행동이 무엇인지 알게 된다. 그러므로 이 진단은 리더십 계발에 도움이 된다. 상사들이 부하 직원들의 다양한 욕구를 이해하는 데도 도움이 된다. 또한 아주 만만치 않은 협상을 대비해 전략을 세울 때에도 이 진단은 이용된다. 진단 결과를 바탕으로 팀원들의 다양한 욕구를 정리해본다면 팀원들의 협력을 이끌어내는 데도 도움이 된다. 가장 중요한 점은 버크만 진단이 함께 일하는 팀원 각자가 이바지하는 부분을 정의해줌으로써 넓은 의미에서 다양성을 촉진한다는 점이다. 이러한 과정이 이루어지다 보면 결국 리더십이 더 고무되고 개인들의 성과가 더 높아져 조직은 생산적인 화합을 달성하게 된다.

이 책에서는 코칭을 해준 사람들과 받은 사람들의 일화를 공유하려고 한다. 책의 각 장 끝에 나오는 '적용' 부분에는 직장의 특정한 문제와 관련한 사례 연구와 일화가 제시된다. 다만 필요한 부분에서는 특정한 개인들의 사생활을 보호했다. 독자 여러분은 이 수십 가지의 사례에 등장하는 사람들과 그들의 동료들, 상사들과 마주하게 될 것이다. 대기업이 직원들 사이에 발생한 원만하지 않은 관계를 해결하는 일에서 경영자가 직원을 채용할 때 돈만 낭비하는 실수를 피하는 방법에 이르기까지 그 문제 해결의 범위는 다양하다.

한 여성 경영자는 세계 최고의 업체와 입찰 경쟁을 하기 위해 프로젝트팀을 만들 때 버크만 진단을 이용했다. 당신은 이 경영자가 어떻게 버크만 진단을 이용해 계약을 따냈는지 이 책에서 보게 될 것이다. 어떤 버크만 컨설턴트는 한 다국적 기업의 노련한 경영자가 그동안 큰 성공을 이루는 데 한 몫을 했던 그의 리더십 유형이 더는 효과가 없다는 사실을 깨닫게 했다. 그때는 그 경영자가 더 진보적인 사고를 해야만 하는 시기였다. 또 다른 컨설턴트는 항공사 노조가 노동 계약 협상을 하는 데 신속하고 극적인 성공을 이끌어내도록 도움을 주었다.

버크만 진단은 직장생활 말년에 은퇴생활을 설계하는 데도 도움이 된다. 버크만 진단은 그동안 인생 상담사, 부부 상담사, 종교 단체, 가족 상담사, 시민 단체가 써온 도구이며 죄수 석방 프로그램에도 채택되었다. 뿐만 아니라 고등학교, 대학교, 대학원, 경영학 석사MBA 과정, 무시험 입학제도에도 이용되었다. 또한 하버드경영대학원을 포함한 수많은 기관의 다양한 전문 프로그램에도 이용되고 있다.

그러니 기업 측 고객들이 자신의 가족들도 버크만 진단을 받게 하고 싶다고 요청하는 것은 이상한 일이 아니다. 한 경영자는 버크만 진단을 받은 후 결과 보고서를 집으로 가져가 아내에게 건네며 이렇게 말했다고 한다.

"이게 나라는 사람의 '안내서'야."

: 버크만 진단의 출발점

버크만 진단 같은 개인의 성격이나 적성을 알아보는 검사가 기업 문화에 깊이 배어든 이유는 무엇일까? 기업의 경영자들이 버크만식 코칭이나 그 외 훈련 도구의 중요성을 계속 강조하는 이유는 무엇일까? 예를 들어, 제너럴 일렉트릭General Electric은 전 세계 직원들에게 훈련과 교육 프로그램을 실시하는 데 연간 10억 달러 이상을 투자한다. 이 기업의 홈페이지에는 이런 글귀가 있다.

"자사의 성과가 측정되는 기준은 두 가지입니다. 바로 자사 직원들의 리더십 능력이 향상되었는가와 궁극적으로는 고객들과 고객들이 속한 지역 사회를 위한 가치와 기회가 창출되었는가입니다."

제1차 세계대전 이후 미국을 포용력 있고 더 나은 곳으로 재건하자는 이상주의가 발전하면서 정부, 학계, 재계가 협력하여 진단 도구들을 만들었다. 그러면서 미국의 수많은 퇴역 군인은 제대군인원호법(GI Bill, 미국에서 제2차 세계대전이 끝나고 돌아온 퇴역 군인들을 사회에 통합시키고자 그들에게 교육, 주택, 보험, 의료, 직업 훈련 기회를 제공한다는 내용을 골자로 하는 법률과 프로그램의 통칭-옮긴이)에 따라 사회에 복귀하고 학교에 편입했다. 전쟁 이후 갑자기 확장되고 현대화된 기업들은 유능한 인력에 목말라 있었다.

전쟁 후 사회과학자들은 흥미로우면서도 벅찬 과제에 직면했다. 그들은 미국 사회와 상업을 발전시키는 방향으로 노동 인구를 개편하는 데 목표를 두었다. 서던캘리포니아대학교의 경영학 교수인 워런 베니스는 이런 글을 썼다.

"1950년대 초는 회색 플란넬 양복을 입은 좀비의 시대로 특징지어진다. 하지만 실제로 이 시기는, 특히 부상하는 중산층에겐 엄청난 사회 변화와 낙관론의 시기였다. 나처럼 운이 좋았던 사람들에게 그때는 마음을 몹시 들뜨게 만드는 시기였다. 사회과학자이거나 사회과학자 지망생이었던 우리에겐 인간 행동의 비밀을 밝힐 도구가 있었다."[2]

버크만 박사는 산업 및 조직 심리학의 열정적인 선구자였다. 제2차 세계대전 때 B-17 전투기 조종사였던 버크만 박사는 전쟁 후 재향군인 관리국에서 일했다. 그곳에서 제대군인원호법을 이용해 재향군인들에게 적성 검사를 실시했다. 그들이 자신에게 잘 맞는 대학 전공을 선택하도록 돕기 위해서였다. 버크만 박사는 "그들은 자기 인생을 어디서부터 시작해야 할지 알고 싶어 했어요"라고 말했다. 바로 그 시기에 미국 기업들은 예전보다 더 다양하고 능력 있으며 세상 경험이 많은 인력을 대규모로 채용할 계획을 세우고 있었다.

버크만 박사는 휴스턴에서 재향군인들에 관한 방대한 자료를 검토했다. 그리고 재향군인들에게 육체노동을 하거나 회계를 전공하라는 조언을 해주었다. 그밖에도 그들이 질문지에 응답한 내용을 바탕으로 간단한 조언을 해주었다. 버크만 박사는 이런 말을 했다.

"그들은 아주 중요한 출발 지점에 있었어요. 하지만 입장이 매우 난처했어요. 정부는 재향군인들을 대학에 보내려고 막대한 돈을 쏟아부었지만 그들이 대학에서 과연 무엇을 얻을 수 있었겠어요?"

특별한 인생 경험을 한 재향군인들은 버크만 박사와 마주 앉아 지도력, 용맹, 도전, 고통, 생존 등의 이야기를 털어놓았다. 그

---

2 워렌 베니스, 《Still Surprised: A Memoir of a Life in Leadership》(Jossey-Bass, 2010).

들의 잠재력은 엄청났고 중요했으며 가치가 있었다. 전쟁을 직접 경험한 버크만 박사 같은 재향군인들은 별로 기대를 안 했던 병사가 적의 공격을 받자 눈부신 활약을 펼친 사례나 평범한 신병이 훈련을 받고 뛰어난 리더가 된 사례를 많이 목격했다. 버크만 박사는 그들을 보면서 더 의미 있고 체계적인 검사로 좀 더 유익한 일을 해야겠다고 결심했다. 그때부터 앞으로 무슨 일을 할지 명확한 목표를 세웠다. 버크만 박사는 이렇게 회상했다.

"그 분야의 작업이 반드시 필요하다는 생각이 들었어요. 사람들이 자신에게 딱 맞는 자리에 우연히 들어갈 수는 없거든요."

버크만 박사는 진단 도구를 개발하기 시작했다. 1961년에는 〈사회성과 자기 인식 조사를 이용한 특성 검사 개발Development of a Personality Test Using Social and Self-Perception Inventories〉이라는 논문으로 텍사스대학교에서 박사 학위를 받았다. 그 당시 그 논문의 가치를 알아보고 버크만 진단을 이용한 고객은 40여 명이었다.

정부와 기업의 리더들은 버크만 박사 같은 학자들이 기울인 노력을 인정했다. 어쨌든 당시는 과학을 최고로 쳐주던 시대였다. 버크만 박사를 포함한 그 분야 학자들은(수적으로 적은 여성 학자들도 포함하여) 자신의 이상주의를 고수했다. 갈수록 그들의 수가 증가했고 연구 부문도 다양화되었다. 그러면서 그들은 이후 수십 년 동안 아프리카계 미국인이 미국 사회에 통합되는 과정과 여성이 전문적인 노동 인구가 되는 데 중요한 역할을 하였다. 버크만 박사는 1967년에 진단 결과를 색연필로 힘들게 기록

하는 작업을 그만두고 아이비엠 대형 컴퓨터를 구입해서 데이터를 저장했다. 이는 아주 현명한 조치였다. 성격 검사를 전문으로 하는 업체들 가운데 그때까지 버크만 박사처럼 방대하고 역사적인 자료를 축적한 곳은 없었다.

이렇게 광대한 데이터베이스 덕분에 현재 버크만 컨설턴트들은 재계 동향을 파악하고 다양한 분야에서 일어나는 변화를 해석하는 데 뛰어나다. 그들은 직장이라는 곳이 모든 면에서 예전보다 더 다양화되면서 진단 결과의 성별, 나이별, 인종별 차이가 두드러지지 않는다는 점을 발견했다. 그 뿐만 아니라 버크만 기록을 보면 국가들 사이에 전반적 진단 점수의 차이도 예상보다 미미한 것으로 나타난다. 각 문화마다 고유한 행동과 관습이 있지만 이보다 더 중요한, 사람을 움직이는 내적 동기들과 욕구들은 나라마다 비슷하게 나타난다. 다시 말해, 인간인 우리는 우리가 알고 있는 것보다 더 비슷하며 차이점보다 비슷한 점이 더 많다. 사실 집단과 집단 사이의 차이점보다는 한 집단 내에서의 다양성이 더 크게 나타난다. 버크만 박사는 이런 말을 했다.

"개인이라는 관점에서 행동을 설명할 때 다룰 것이 더 많습니다. 사람들은 이러한 요소들에 다양한 이름을 붙여 서로 조합하기도 하고 이론을 만들어내기도 합니다. 하지만 인간 본성은 인간 본성일 뿐입니다. 이는 우리가 일단 미국을 깊이 알게 되면 인도와 중국도 깊이 알 수 있다는 의미와 일맥상통합니다. 모두 인간의 본성과 연결되지요. 이 점을 인지하고 대화에 임한다면 폭넓은 이해가 이루어질 것입니다."

인간의 마음이 복잡하다는 점은 대단히 흥미롭다. 세계적으로 직장이라는 곳은(물리적 공간과 인터넷 공간을 모두 포함하여) 사람들이 모여 성취감을 추구하는 공동체로서의 역할을 하고 있다. 업무 현장의 매력은 활력과 다양성이다. 이 활력과 다양성이 개인 특성의 다양함을 보여주는 버크만 진단에서 초점을 두는 것이다.

하지만 오래된 질문들은 여전히 남아 있다. 무엇이 훌륭한 직원을 만드는가? 무엇이 훌륭한 경영자를 만드는가? 사람들은 공동 목표를 달성하기 위해 어떻게 협력할 수 있는가? 오늘날 직장들은 급진적으로 변화하고 확장되기 때문에 이러한 질문들에 대한 답은 점점 복잡하게, 그리고 더 놀랍게 변하고 있다.

BIRKMAN

2장
당신의 현재 위치는?

METHOD

우리는 자신을 제대로 알아야 하고, 있는 그대로 인정할 줄 알아
야 한다. 그래야 타인을 인정할 줄 알고 타인이 내게 어떤 식으로
도움이 되는지 알아보는 눈이 생긴다. 본질적으로 버크만 진단에
는 다음과 같은 철학이 담겨 있다. 그러니까, 타인을 심리적으로
편안하고 자신감 넘치며 최고의 성과를 내도록 돕고 싶다면, 그
사람이 대우받고 싶은 대로 대우해주어야 한다는 점이다.

　이는 논리적인 말처럼 들린다. 하지만 인간의 본능과는 잘 맞
지 않는다. 본능적으로 우리는 자신의 다양한 경험에서 얻은 결
론이 정상적이고 올바르다고 믿는다. 자신이 필요하다고 느끼는
부분을 다른 사람도 똑같이 느끼리라 생각하고, 자신을 성공으
로 이끈 요인이 다른 사람도 성공으로 이끌 것이라 판단한다. 뿐
만 아니라 자신이 대우받고 싶은 방식으로 다른 사람도 대우받

고 싶어 한다고 생각한다. 이는 성경의 황금률('남에게 대접을 받고자 하는 대로 너희도 남을 대접하라'는 가르침-옮긴이)과 일맥상통한다.

하지만 사람이란 단순한 존재가 아니다. 사람은 타인이 원하는 행동과 상반된 행동을 할 뿐만 아니라 자신의 고정된 스타일과는 전혀 다른 행동도 한다. 이러한 현상이 일어나는 이유는 평소 겉으로 드러난 행동에 내면의 욕구가 늘 반영되는 것이 아니기 때문이다. 우리는 이미 오래 전부터 직장 분위기나 다양한 사회적 압력에 따라 행동을 하는 때가 많았다.

버크만 진단은 우리가 타인의 내면에 존재하는 진정한 욕구에 응답하여 타인 역시 우리의 진정한 욕구에 응하게 만드는 방법을 알려주는 길잡이다. 이것이 이루어진다면 우리는 최고의 자아를 실현하고 최고의 성과를 내며 타인도 그렇게 되도록 도울 수 있다. 직장이나 그 밖의 환경에서 상호작용하는 구성원들에게 버크만 진단이 도입된다면 개인의 욕구에 부응하는 새로운 소통 체계가 열릴 것이다.

버크만 진단을 받은 사람들은 흔히 이런 말을 한다.

"같이 일하는 동료가 나를 앞지르려고 내 성질을 건드린다고 생각했어요. 그런데 그 사람의 버크만 진단 결과를 알고 나니 그 사람의 관점이 나와 달랐을 뿐이라는 걸 깨달았어요."

상대방을 더욱 잘 이해하고 서로 의사소통 능력을 키워야 할 필요성이 이 말 속에 담겨 있다.

: 강점의 이면

버크만 진단지에 대해 이런 질문을 하는 사람이 있을지도 모른다.

"이걸로 무엇을 진단하려는 거죠? 직장에서의 저라는 사람인가요? 아니면 가정에서 혹은 친구 사이에서의 저라는 사람인가요? 이게 효과적인 진단이라면 이걸로 제가 상사나 부하 직원이나 동료 앞에서 어떤 식으로 행동하는지 알 수 있나요?"

이 질문의 답은 "그렇다"이다. 버크만 진단에서는 그 모든 측면이 다루어진다. 직장인을 위해 고안된 버크만 진단은 개인의 모든 관계를 아우를 만큼 정교하다. 각 관계에서 드러나는 개인의 특성은 다양한 모습으로 내면에 숨겨져 있는 개인의 일부분일 뿐이다.

캘리포니아 뉴포트비치에서 자문위원으로 일하는 다나 스캐널 심리학 박사는 이런 말을 했다.

"버크만 진단은 어떤 진단 도구보다 뛰어나다. 정상적이고 생산적인 인간의 행동에도 적용되기 때문이다. 이는 비정상적이거나 병적인 행동에 초점을 두는 수많은 진단 도구와 대조적이다. 내가 대학원에서 배운 것이라고는 비정상적인 행동을 들여다보는 방법뿐이었다. 우리는 버크만 진단을 통해 타인에게 어떻게 보일까 하는 우려가 깃든 겉모습이 아닌 진정한 내면의 관점에서 인간의 행동을 들여다볼 수 있게 되었다. 어떤 사람이 일반적인 기준에 맞지 않는 특성을 보이더라도 우리는 그 부분을 꿰뚫어보며 그 사람을 이해할 수 있다."

당신은 버크만 진단 후 당신이 주변 사람들과 관계를 맺는 방식, 당신의 관심 분야, 강점, 편안함을 느끼는 영역을 알게 될 것이다. 뿐만 아니라 에너지를 충전하는 방법도 알게 되는데, 이 부분이 가장 중요하다. 버크만 진단을 통해, 강점을 정의하려면 이면의 약점을 먼저 인식해야 한다는 수수께끼를 이해할 수 있다. 운동선수들이 입을 모아 말하는 것처럼, 자신의 가장 뛰어난 특성이 자신의 가장 큰 취약점이기도 하다. 강점을 잘 활용하지 못하면 그 강점이 실패의 원인이 될 수 있음을 깨달아야 한다. 만일 당신이 테니스 선수이거나 드럼 연주자라면 팔꿈치에 이상이 생길 확률이 높다. 팔꿈치를 가장 많이 쓰기 때문이다. 권투선수는 후두염을 걱정하지 않아도 되지만 오페라 가수는 그렇지 않다. 투철한 직업의식이 강점인 사람은 극도의 피로감을 느낄 가능성이 높다.

: 질문을 받아들여라

이제 버크만 진단을 받아보자. 우선 편안하고 방해받지 않는 장소와 30분에서 40분 정도의 시간을 마련하면 된다. 진단을 마치면 당신의 컬러를 알 수 있는 생활양식도해Life Style Grid 보고서가 제공된다. (자세한 방법은 부록 참고)

진단지 작성에 즐겁게 임하기를 바란다. 편안한 마음으로 처음에 떠오른 생각을 표시하면 된다. 장난스럽게 임하면 안 된다. 총 298문항으로 구성된 버크만 진단은 이상한 대답을 감지하여 진단 결과에 반영하지 않을 만큼 섬세하게 만들어졌다. 진단지를 작성하여 제출하면 보고서가 당신의 이메일로 전송된다. 이메일 주소란에 반드시 유효한 주소를 입력하길 바란다.

당신이 작성하는 진단지는 실제 버크만 진단지다. 하지만 당신이 받을 결과 보고서는 전체 버크만 피드백 보고서 가운데 무료로 제공되는 축약형 보고서다. 이 진단지를 완성한 후 버크만의 모든 피드백이나 전문화된 여러 양식 가운데 특정 필요에 맞는 피드백 한 가지를 유료로 이용해도 된다.

버크만 보고서는 직업과 대인관계라는 두 가지 범주에서 당신의 정보를 다양한 방식으로 바라본다. 이러한 보고서들은 모두 당신이 맨 처음 제출한 진단지를 바탕으로 작성된다. 버크만 공인 컨설턴트와 상담하고 싶은 사람이나 전체 보고서 혹은 특정 피드백 한 가지를 받고 싶은 사람은 버크만코리아 웹사이트나 전화를 통해 연락을 주면 된다. 버크만 진단에서 발생 가능한 많은 변수와 다양한 해석은 이 책에서 모두 다룰 수 있는 영역이 아니므로 노련한 컨설턴트를 만나는 것이 가장 좋은 방법이다.

버크만 진단에서 '통과'나 '통과 못함'이라는 개념은 없다는 점을 기억해두길 바란다. 다시 한 번 말하지만 이 진단에서 잘못된 답이란 존재하지 않는다. 버크만 진단은 당신이 의미 있는 일을 할 수 있게 해주는 선호도, 동기, 욕구를 정의하기 위해 이용된다. 또 한 가지 기억해야 할 것은 단 한 번의 검사로 개인의 경험과 지혜의 모든 측면을 파악하지는 못한다는 점이다. 하지만 버크만 진단을 받으면 상당한 수준의 자기인식을 하게 되고 이를 버크만식 언어로 표현할 수 있게 된다.

버크만 진단은 우리의 내면을 만족시킬 최상의 행동 방침을 찾는 데 도움이 된다. 사람들은 이 진단을 이용하여 다양한 문제의 원인을 파악한다. 그리고 환경에 대한 폭넓은 이해를 바탕으로 분노를 처리하고, 시련을 새로운 시각으로 바라볼 줄 알게 된다. 또한 상황을 올바르게 바꾸기 위한 대화와 행동을 시작하게 된다. 당신은 이 책을 읽으면서 이러한 일의 생생한 사례들을 접할 것이다.

: 당신의 재능 지도

공원이나 복합 쇼핑몰의 입구에는 그곳을 개관할 수 있는 지도가 있다. 지도에는 '현재 위치'라는 문구와 함께 지금 있는 곳의 위치가 표시되어 있다. 당신은 버크만 보고서에 나오는 생활양식 도해를 이러한 조감도로 여기면 된다. 당신과 당신이 속한 회사나 조직, 가정을 들여다볼 수 있는 조감도로 말이다. 생활양식도해는 간단한 시각 자료로 당신의 성격과 당신이 속한 유형을 보여준다.

생활양식도해는 다음과 같은 요소들과 그 요소들을 상징하는 기호들로 이루어진 일종의 요약 보고서다.

- 빨강, 초록, 파랑, 노랑의 네 가지 색으로 나누어진 사분면. 이 것은 사회의 전반적 그림을 나타낸 것으로, 사람들의 기본적인 성격 유형을 바탕으로 만들어졌다.
- 흥미(∗), 욕구(○), 평소 스타일(◇), 스트레스 반응(ㅁ)을 상징 하는 네 가지 기호. 이 기호들은 진단자의 성격에 따라 각각 다 른 색 위에 위치하며, 욕구 기호와 스트레스 기호는 항상 똑같 은 지점에 위치한다.
- 이러한 기본적 요소들이 위치한 지점을 연결한 삼각형. 이 삼각 형은 사분면 위에 표시되며 정확히 어떤 모양을 하느냐에 따라 개인 특성을 파악할 수 있다.

생활양식도해 보고서는 개인의 흥미 분야와 대인관계 방식을 표를 통해 전체적인 그림으로 파악할 수 있게 해준다. 여기서 대 인관계 방식은 사람들이 일반적으로 어떻게 행동하는가를 다룬 이론을 기반으로 한 것이다. 그러니까 생활양식도해에서 중점을 두는 것은 사회와의 관계 속에 있는 개인이다. 생활양식도해 보 고서는 당신의 의사소통 방식이 무엇인지, 당신이 일을 중시하는 지 사람을 중시하는지, 당신의 고유한 강점이 무엇인지 파악하는 데 도움이 된다.

애틀랜타에서 컨설턴트로 일하는 토니 파머는 이런 말을 했다.

"버크만 진단의 가장 매력적인 측면은 일에 관한 목표를 정의하는 부분에서 전술이 아니라 전략에 초점을 두는 방식입니다. 전술은 구체적인 사항들과 관련이 있습니다. 예를 들어 '내 이력서가 옳게 작성되었나? 사람들과 어떻게 관계를 맺지? 연봉 협상을 어떻게 하지?'와 같은 질문이 이에 해당됩니다. 반면 전략은 '내가 인생에서 하고 싶은 것은 무엇이지? 어떤 일이 내게 가장 적합하지?'와 같은 질문과 관련이 있습니다. 버크만 프로젝트에서 해답을 제시하는 것은 바로 후자입니다. 전략을 생략하고 전술에만 초점을 둘 때 경력을 쌓아가는 과정에서 큰 실패에 부딪힐 수 있습니다. 그러한 사람들은 삼촌이 하는 일이라거나 배우자가 해보라고 해서 어떤 일을 시작했을 가능성이 높습니다."

토니는 그 과정을 여행에 비유하며 이렇게 말했다.

"어디로 갈지 알아야만 짐을 쌀 수 있는 것이죠. 그리고 여행지가 샌프란시스코냐 칸쿤이냐에 따라 짐도 다르게 싸야 합니다. 버크만 진단은 자신이 가고 싶은 곳으로 가게 해줄 방법을 보여줍니다."

버크만 진단은 당신이 어떤 컬러 특성에 속하든지 간에 어떤 조직에서든 당신에게 이상적인 위치를 찾는 데 도움이 된다. 당신은 이러한 목표를 어렵지 않게 달성할 수 있다. 네 가지 컬러를 목표 달성을 위해 밟아야 할 자연스럽고 순차적인 과정을 상징하는 것으로 여기면 되기 때문이다. 즉 블루는 아이디어를 고안한다. 그린은 그것을 지원한다. 레드는 결과를 만들어내며, 옐로우는 질서와 체계를 유지하여 그 일이 계속 갈 수 있도록 한다.

진로 찾기

버크만 진단은 직업과 관련한 중요한 시점마다 방향을 잡는 데 도움이 된다. 가령 전공 분야를 결정할 때, 취업할 때, 승진할 때, 직장생활 중 큰 난관을 만났을 때가 그렇다. 성공을 거두고 수년이 흐른 후 '지금까지의 성공 비결이 앞으로의 성공 비결일 수는 없다'는 사실을 깨달았을 때도 마찬가지다.

버크만 진단은 직장에서 혼란을 느끼는 부분에 질서를 잡는 데 특히 유용하다. 이는 버크만 보고서가 스스로 알아차리지 못한 자기 인식을 기반으로 작성하여, 이를 현실에 적용하는 방법을 제시하기 때문이다. 그 결과 스트레스를 줄이게 되고, 생산성을 높이고 일을 즐기게 만드는 요소에 집중하게 된다. 전문직 종사자들은 로드맵의 필요성을 자주 느낀다. 가령, 직업에 몸담고 있는 도중 길을 잃었다고 느끼지만 향후 계획이 없을 때나 새로운 위치로 옮길 수 있는 직선로를 찾고 싶을 때 그렇다. 어쨌든 도약의 기회가 왔을 때 준비된 사람이 되어 있어야 함을 목표로 삼아야 한다.

딱 맞는 일

앤 모리스는 직장생활에서 침체기를 느꼈다. 워싱턴 D.C.에 소재한 비영리 단체에서 일하는 것이 영 만족스럽지 못했던 것이다.

이전에는 라틴 아메리카 시골 지역에서 공중 보건 서비스 담당자로 5년 동안 일했었다. 앤은 그 일을 좋아했지만 향후 직업을 위한 발판 정도로 생각했다. 이후 앤은 워싱턴으로 옮겨가 세계 발전 사업을 전문으로 하는 비영리 단체에서 기금 마련 업무를 맡았다. 앤은 이런 말을 했다.

"제게 안 맞는 조직에 있다는 생각이 들었어요. 비영리 단체들 중에 제게 꼭 맞는 곳이 있을 거라고 생각했지요. 세계의 건강 관련 사업 말고 인간에 대한 동정심이 바탕이 된 다른 분야에 말이에요. 그게 제가 내린 진단이었어요. 그런데 그 진단이 완전히 틀렸던 거예요. 그래서 전문 상담가를 만나야겠다고 판단했어요."

앤은 버크만 컨설턴트를 소개받아 진단지를 작성했다. 그 결과 컨설턴트에게 분명하고 간결하면서도 자극이 되는 말을 들었다. 당시 컨설턴트였던 바바라 로빈슨은 앤에게 이렇게 말했다.

"이러한 프로필을 가진 사람은 이런 선택을 하지 않아요. 당신은 충족되지 못한 욕구를 가지고 있어요. 바로 도전과 목표에 대한 욕구죠. 당신은 구체적인 보상과 어느 정도의 위험을 바라고 있어요."

바바라 로빈슨은 그러한 욕구를 지닌 사람은 일반적으로 굉장히 경쟁적인 민간 기업에 취직한다고 말했다. 그런데 앤의 집안은 교수, 변호사, 교사가 많이 배출된 곳이었다. 그들 중 기업에서 일하는 것이 보람된 일이라고 말하는 사람이 아무도 없었다. 앤은 그 부분에 역할 모델이 없었기에 기업 세계를 잘 파악하기 위해 인맥을 넓히기 시작했다. 또한 바바라의 권유로 경영대학원 여러 곳에서 입학시험을 보았다. 그렇게 들어간 하버드경영대학원에서 마침내 경영학 석사 학위를 받았다. 졸업 후에는 이윤을 추구하지만 일정한 사명이 있는 회사에서 일을 시작했다. 앤은 "제가 일할 회사는 돈을 버는 일 이상의 것을 추구하는 회사여야 했지요"라고 말했다. 바바라는 사회 복지 사업에 흥미 점수가 아주 높은 (90점) 앤이 그런 선택을 한 것은 당연하다고 덧붙였다. 결과적으로 앤은 기업가들이 신흥 시장에서 경영 전략을 세우는 일을 도와주며 그러한 나라들의 국가수반과도 종종 모임을 갖는 회사에 들어갔다. 그 일은 앤에게 딱 맞았다. 앤은 이렇게 말했다.

"버크만 진단 덕분에 제 일을 찾는 과정에 속도가 붙었어요. 어쩌면 시행착오를 겪었을지도 모를 일인데 버크만 진단으로 일찍 방향을 바꿀 수 있었지요. 그 점을 정말 고맙게 생각해요."

숨겨진 재능

버크만 컨설턴트인 사이 파머는 독일에 기반을 둔 종교 단체 크루Cru에서 국제부 대표로 있다. 그는 딸아이의 고등학교 시절 친구에게 버크만 진단을 받아보라고 권했다. 이 친구는 십대 때 간호사가 꿈이었다. 하지만 간호학교를 1년 다니더니 집에 돌아와 아버지에게 "간호사는 제가 생각했던 그런 일이 아니에요"라고 말했다. 이 친구는 버크만 진단 결과, 회계에 강한 흥미를 지니고 있었다. 그녀는 눈을 동그랗게 뜨며 "어떻게 그런 결과가 나온 거죠?"라고 물었다고 한다. 그녀는 심사숙고 끝에 파머의 권유대로 회계학 공부를 하기로 결정했다. 곧 회계학이 자신에게 잘 맞는 분야라는 사실을 깨달았다. 파머는 이렇게 말했다.

"물론 딸의 친구가 좋은 간호사가 됐을 수도 있어요. 하지만 아마 자리만 지키고 성취감은 못 느끼는 그런 간호사가 됐을 겁니다."

여러 흥미와 딱 한 가지 일

컨설턴트들은 진로 계획의 초기 단계에서 사람들의 기대 수준이 상당히 높다고 말한다. 부모들은 주요 대학들의 등록금이 치솟는 터라 등록금이 자녀들에게 최대한 유익하게 활용되기를 바란다. 하지만 대학 입학생의 80퍼센트에 달하는 학생들이 실제로 자신이 무엇을 전공하고 싶은지 모르겠다고 말했다. 그리고 50퍼센트에 달하는 학생들이 졸업 전에 최소한 한 번(일부는 여러 번) 전공을 바꾸는 것으로 나타났다. 이는 펜실베이니아 주립대학교 학부생 연구 부서에 있는 마이클 J. 레너드의 조사 결과다. 사람들은 이제 대학이 직업 교육 학교로 바뀌고 있다며 불만을 토로한다. 하지만 대학 공부를 마친 후에도 표류하고 있다고 느끼는 대학 졸업생들이 너무 많다.

웬디 앤드린 박사는 휴스턴에서 대학 진학과 진로 전문 컨설턴트로 일한다. 웬디 박사는 학생들을 대학에 보내려고 공부 쪽으로는 준비를 많이 시키면서 자신이 어떤 사람인지, 즉 흥미와 특징과 직업 잠재력이 무엇인지 발견하도록 돕는 데 소홀한 것은 실수라고 말한다. 웬디 박사의 아들 마이클은 텍사스대학 오스틴 캠퍼스에서 네 개의 분야를 전공했다. 처음에는 건축학을 전공했고 뒤이어 건축 공학과 화학 공학을 전공했다. 마이클은 4학년 때 이 학교의 진로지원센터에서 버크만 진단을 받았다. 그 결과 음악, 과학, 기술, 문학에 흥미가 높은 것으로 나타났다. 또 중요한 사실은 야외 활동과 자유로운 것을 아주 좋아하는 것으로 드러났다는 점이다. 웬디 박사는 이렇게 말했다.

"일반적인 사무실 책상에 앉아 일하는 것이 그 애에겐 안 맞았을 겁니다."

마이클은 진단 결과에 흥분했다. 그리고 웬디 박사에게 이런 이메일을 보냈다.

"이건 제가 그동안 본 것 중 저에 대한 가장 객관적인 분석이에요. 반박의 여지가 전혀 없더라고요. 해방감을 느꼈고, 마침내 제 진로를 바꿔도 되는 허가증을 받은 느낌이었어요."

마이클은 전공을 영어로 바꾸었다. 졸업을 빨리 할 수 있도록 부전공은 수학, 과학, 경영으로 정했다. 이후 텍사스대학 댈러스 캠퍼스에 들어가 미술 전공으로 석사 학위를 받았다. 웬디 박사는 마이클이 그 분야에서 천직을 찾아냈다고 말한다. 바로 비디오 게임 디자인 분야다. 마이클은 더불어 그 대학에서 게임 사운드 디자인을 전문으로 한 예술 공학 부문 첫 박사 과정에 합류해달라는 부탁을 받았다.

웬디 박사는 버크만 진단이 아들에게 도움이 된 것에 깊은 감명을 받아 본인이 버크만 컨설턴트가 되었다. 이후 대학생들을 대상으로 한 컨설턴트로 일하고 있다.

마이클은 버크만 진단을 받기 전에는 '구체적인 분야'를 전공하고 싶어 했고 자신의 선택에 완강했다. 하지만 그의 부모는 마이클이 내면의 욕구를 따라가게 하려고 애를 썼다. 웬디 박사는 이렇게 말했다.

"자신이 좋아하는 것을 애써 밀어내면 인생길 어디에선가 불행함을 느낄 겁니다."

웬디 박사는 학생들에게 버크만 진단을 나침반으로 생각하라고 말한다. 그리고 성인들은 그것을 로드맵으로 생각해야 한다고 강조한다. 학창 시절에는 이런저런 직업 분야를 계속 탐색해 봐야 한다고 누구나 쉽게 말한다. 하지만 학생들은 그러다가 자신에게 맞지 않는 직업에 발을 들여놓게 되는 상황은 원치 않을 것이다.

제3장

당신의 강점은 무엇인가?

자신의 강점과 흥미를 잘 알고 이를 유지하는 방법을 아는 사람은 다른 사람과는 상관없이 자신의 강점과 흥미를 잘 드러낼 줄 안다. 또한 어떤 회사에 가든 자신을 가치 있는 구성원으로 만들 줄 안다. 결과가 어떻든지 간에 버크만 진단 결과는 각자 능력을 지닌 다양한 직원들로 균형을 맞추길 바라는 회사에서 당신이 잠재력을 발휘할 수 있음을 보여준다. 또한 당신이 어떤 상황에 있는지 문제 처리 방법과 성과를 향상시킬 수 있는 방법을 제시해준다.

네덜란드의 선임 컨설턴트인 잰 브란덴바그는 이렇게 말했다.

"버크만 진단 결과에 자부심을 가지세요! 자신이 더 나은 방법 혹은 지금까지와는 다른 방법으로 무엇을 할 수 있는지 깨달으면 되는 겁니다. 중요한 건 자기 자신을 있는 그대로 인정해야

한다는 점입니다. 당신이 자신을 인정하지 않는데 당신의 상사가
당신을 인정해주리라 생각하나요?"

: 일하는 4가지 방식

버크만 보고서는 생활양식도해로 시작한다. 생활양식도해는 심
리학에서 일반적으로 인정하는 인간 특성의 중요한 네 가지 유형
을 토대로 한다. 버크만 박사는 이러한 유형을 만들지는 않았지
만 독특한 방법으로 이용했다. 생활양식도해 모델의 기원은 고대
그리스 시대까지 거슬러 올라간다. 히포크라테스는 이 세상에 존
재하는 사람들은 네 가지 유형이 있다고 말했다. 이러한 개념은
오랜 세월에 걸쳐 다양한 문화에서 다양한 표현으로 이어져 왔
다. 그러다가 현대에 들어 사회 심리학의 선구자 칼 융의 저서를
통해 가장 널리 알려졌다.

버크만 진단에는 다음과 같은 인식이 깔려 있다. 즉 이렇게 인
간 유형을 네 가지로 구분하는 것은 사회에서 자연스러운 현상
이고, 모든 조직에서 필요한 일이며, 이 세상이 건강하게 기능하기
위한 전제조건이라는 점이다.

도표에 나타난 네 가지 색의 사분면은 사회 전체를 상징한다.
각 분면에 있는 내용은 각 유형의 특성을 개괄적으로 요약한 것
이다. 각 분면은 개인의 전반적인 흥미 분야를 보여준다. 또한 사

생활양식도해

레드	그린
행동하는 사람 (사람을 통해 일함)	**말하는 사람** (사람들과 함께 일함)
옐로우	**블루**
분석하는 사람 (시스템을 통해 일함)	**생각하는 사람** (아이디어를 내며 일함)

람들이 대개 어떻게 행동하는지 다룬 모델을 바탕으로 개인의 대인관계 방식을 보여준다. 도표에서 각 분면은 개인이 어디에 초점을 두기를 좋아하는지, 어떤 업무를 선호하는지 정확히 보여준다. 각각의 특성은 네 가지 컬러와 관련이 있고, 각 컬러가 나타내는 일반적인 업무 범주와 관련이 있다.

블루(사색가/창작가)

블루는 끊임없이 생각하고 구상을 하는 사람들과 관련이 있다. 이러한 사람들은 창의적이고 획기적인 방법으로 접근하기를 좋아하며, 신선하고 심지어 특이한 방법을 도출해내기를 좋아한다. 사색적이어서 어떤 상황에서도 내면의 소리에 귀를 기울인다. 상상력이 뛰어나고 여러 가지 구상들을 서로 잘 연결하기 때문에 자연스럽게 큰 그림이나 미래의 꿈에 이끌린다. 그리고 흔히 타인을 잘 보살피고 배려하는 사람으로 인식된다.

블루라는 색깔은 예술, 문학, 음악을 상징하기도 한다. 사분면 중 블루에 속하는 사람들이 반드시 이 분야의 전문가가 되어야 하는 것은 아니다. 하지만 실제로 이들은 삶에서 이러한 분야를 중요하게 생각한다. 예술과 상관이 없는 분야에서 일하는 블루 유형은 전략과 장기 계획을 바탕으로 일하기를 선호하는 사람을 나타낸다. 이들은 본래 내성적이기 때문에 자신이 내린 결정을 주로 말이 아닌 행동을 통해 남에게 보여주는 경향이 있다.

블루 유형에 속하는 사람들은 미술, 디자인, 연구, 의료, 전략 관련 분야에서 일을 찾기 마련이다.

그린(설득가/전달자)

그린은 자기 의사를 능숙하게 전달하는 사람을 나타낸다. 사람들과 접촉하는 일을 좋아하며, 사회적 상호작용을 편안하게 여기는 설득력 있는 사람이 여기에 속한다. 이들은 집단 지향적이고 사람들에게 말하는 것을 피곤해 하지 않으며, 누굴 만나든지 낯설어하지 않는다. 만일 당신이 "파티가 있어!"라고 한다면 이들은 "나도 갈 거야!"라고 말할 것이다.

그린에 속하는 사람들은 확신에 찬 태도가 자연스럽게 묻어나기 때문에 판매에 재능이 있다. 또한 경쟁심이 강한 사람임에도 남들의 눈에는 매력과 열정이 넘치는 사람으로 비춰진다. 사람들은 이들이 타인을 잘 이해하기 때문에 본능적으로 도움을 줄 거라고 기대한다. 이들은 블루에 속하는 사람들보다 단도직입적이고 적극성이 더 강하며 바깥 세상에 초점을 둔다. 타인에게 동기를 부여하고 타인의 변화를 지원하는 데 능숙한 편이다. 그리고 더 나은 방향으로 변화가 일어나기를 바란다.

이들은 의사소통이 아주 중요한 분야에서 타인에 대한 애정을 이용할 수 있는 일을 하면 좋다. 영업, 설교, 홍보, 정치, 동기부여 강연, 대중매체 같은 분야가 있다.

레드 (시행가/촉진자)

레드는 실행에 옮기는 사람, 행동하는 사람, 뭔가를 일구어내는 사람을 상징하는 색이다. 레드에 속하는 사람들은 현실적인 성향이 있고, 당장 일을 처리해야 한다는 위급함을 느끼는 때가 많다. 이러한 이유로 비상사태가 발생했을 때 맨 처음 행동을 취하는 데 탁월한 능력을 보일 수 있다. 이는 주위 사람들이 이들을 위기가 닥쳤을 때 현명하고 재빠른 판단을 내리고 일 처리를 잘

하는 사람으로 인식하기 때문이기도 하다. 이들은 실용적으로 접근하고 목표 지향적이며 사실에 초점을 둔다. 또한 기술을 다루는 데 능숙한 편이다.

이들은 야외를 좋아하는 성향도 있기 때문에 조경이나 건축 분야에서 일하면 적합하다. 대개 도보 여행, 캠핑, 자전거 타기도 좋아한다. 탐험가들은 레드 유형일 확률이 높다. 특히 첨단 기술에 능통하고 모험심이 강해야 하는 요즘의 탐험가들이 더 그렇다.

레드에 속하는 사람들에게 맞는 직업 분야는 공학 기술, 정보통신 기술, 기계학, 법률 집행, 위기관리, 보안, 건설, 공원 경비 그리고 석유 채굴권이나 석유화학 같은 에너지 관련 업종 등이다.

옐로우(관리자/분석가)

옐로우는 체계를 지키고 수치와 사무적 업무를 중요하게 여기는 사람들을 나타낸다. 이들은 어떤 일이 됐든지 과정과 절차를 즐기는 성실한 사람들이다. 세부 사항에 신경을 쓰고, 빈틈없이 검토하는 데 능숙하다. 이는 이들이 질서의 전형으로, 검토와 균형을 강조하면서 체계적으로 일하는 것을 추구한다는 의미다. 이런 이유로 흔히 이들은 공정한 대우를 요구한다.

직장에서 이들은 일을 계획하고 그 계획을 이루려 노력한다. 반복되는 업무에 불만을 품거나 지루해 하지 않으며, 오히려 일관성을 좋아한다. 질서와 예측 가능성을 확보하기 위해 통상적인 방법을 따르며 관례를 지키려 한다. 보이지 않는 곳에서 조용히 일하는 것을 꺼리지 않으며, 업무에 집중할 때 방해받고 싶어 하지 않는다.

옐로우 유형에 맞는 직업은 회계사, 은행원, 금융 전문가, 관리자, 재무관, 기획자, 사무장, 행정 담당자 등이다.

: 색을 첨가하라

모든 직원들의 컬러 특성을 파악해보면 어떤 직장에서는 채용과 관련한 고질적 문제가 드러나기도 한다. 여기서 고질적 문제란 상사가 자신과 비슷한 유형의 사람을 채용하는 경향이 있다는 점이다. 이러한 회사는 다양성이 떨어져서 발전하기 힘들다. 개인적인 차원에서도 이렇게 컬러 특성을 파악하는 것은 한 가지 색이 지배적인 사람이 다른 부분을 계발하는 데 도움이 된다. 아무리 최고의 운동선수나 연예인이라 해도 모든 영역에서 뛰어난 것은 아니며 특정한 영역에서는 능력이 떨어지기 마련이다.

레이먼드는 다국적 대기업의 한 사업부에서 정보 통신 책임자로 일했다. 레이먼드가 버크만 진단을 받은 결과 전형적인 레드로 나왔는데 이는 당연한 결과였다. 그의 강점은 결과를 만들어내는 능력, 언어 전달 능력, 뛰어난 분석 기술이었다. 레이먼드는 목표에 집중하고 일을 완수하는 능력 덕분에 좋은 평판을 얻었고 승진을 거듭했다. 그러면서 아주 뛰어난 책임자로 인정받았다.

하지만 이따금 그를 자신의 스타일만 고집하며, 눈앞의 문제와 해결 방법에만 너무 초점을 두고, 지엽적인 것에 집착한다고 생각하는 사람들이 있었다. 이러한 특성 때문에 레이먼드는 직장에서 다른 사람들과 원만하게 지내는 데 가끔 애를 먹었다. 그는 중요한 관리직에 남아 있으려면 이런 약점을 보완해야 한다는 생각이 차츰 들었다.

조지아에서 일하는 컨설턴트 스테이시 L. 솔렌버거는 레이먼드에게 다음과 같은 사실을 인지시켰다. 그러니까 그때까지 레이먼드를 성공으로 이끈 요인이 앞으로도 성공을 유지해주는 것은 아니라는 점이다. 스테이시는 버크만 진단을 이용하며 레이먼드와 컬러 특성을 주제로 대화를 나누었다. 그는 자신의 강점이 조직에서 아직은 인정받지만, 블루 유형에 해당하는 새로운 행동과 사고방식으로 자신의 강점을 보완해야 한다고 판단했다. 레드 유형의 신속한 반응과는 반대인 블루의 전략적이고 장기적인 계획 능력을 갖춰야겠다고 판단한 것이다. 레이먼드는 생활양식도 해를 보면서 다른 컬러에 속하는 리더십 유형들의 미묘한 차이점을 파악했고, 자신도 다른 컬러들의 특성을 아주 미약하게나마 지니고 있음을 알게 되었다.

이 고위 중역의 코칭은 아주 수월하게 이루어진 편이다. 하지만 사람의 행동을 어느 정도까지는 바꿀 수 있어도 근본적인 유형은 바꾸지 못한다. 어떤 리더들은 행동과 유형이 자신과 완전히 다른 사람들과 손을 잡아야 하거나 아니면 적어도 그들의 조언을 받아들여야만 하는 상황에 놓이기도 한다. 각 유형의 동료들이 가진 특성과 자신의 특성이 조화를 이루는 방법을 아는 경영자는 성공을 더 빨리 이루고, 성공한 자리에 더 오래 남는다. 함께 일하는 사람들이 다른 유형과 조화를 이루지 못할 때 그들의 다양한 특성과 업무 방식이 서로 충돌할 수 있다.

휴스턴에 있는 회사에 입사한 한 신입사원은 자신의 컬러 특성과 동료의 컬러 특성을 파악한 일은 새로운 발견이었다고 했다. 그 결과로 직장에서 동료들과 어울려 일하는 방식에 큰 변화를 주게 되었다면서 이렇게 말했다.

"제가 끔찍이 싫어하는 여직원이 있었어요. 제가 구상한 것을 말할 때마다 그 여직원은 현실적이지 못하다느니 효과가 없을 거라느니 하면서 무시하기만 했어요. 그러다 우리 둘 다 버크만 진단을 받았어요. 컨설턴트는 제가 새로운 전략을 짜내기 좋아하는 블루 유형이고, 그 '원수' 같았던 직원은 옐로우 유형이라고 지적했어요. 그때 전 그 여직원이 일부러 저를 깎아내린 것이 아니라는 걸 깨달았어요. 그저 수치화하는 걸 좋아하는 사람인 거죠. 그렇게 해야 편안함을 느끼는 사람이고, 또 그런 업무로 사무실에 기여한 바도 커요. 이젠 저는 제 구상을 회의에 올리기 전에 우선 그 여직원에게 말해서 거기에 경제적 측면을 더 가미할 수 있나 검토해요. 지금은 그 여직원이 좋을 뿐만 아니라 제게 많은 도움을 준다는 생각이 듭니다."

버크만 진단의 첫째 전제는 '내가 세상을 보는 관점과 환경을 인식하는 태도는 다른 사람들의 관점과 태도와 다르다'는 점이다. 그런데 이러한 전제를 행동에 적용하기가 쉽지 않다. 하지만 이렇게 생각하길 바란다. 각자가 정해놓은 기준이 '진짜' 기준은 아니다. 또한 정상의 기준도 없기 때문에 누구든 자신이 '정상'이라고 말할 수는 없다.

버크만 박사는 이렇게 말했다.

"자신의 관점과 그 관점으로 말미암은 편견이나 추측을 제대로 이해해야 한다. 그렇게 하면 업무 처리와 인간관계 맺기를 더욱 잘하게 되며, 자신과 주변 사람 모두 생산성을 높일 수 있다."

기업 내에서 전문 지식이 그 어느 때보다 다양해지고 있다. 이러한 변화의 측면에서 구성원들의 다양한 특성은 중요하다. 혁신적인 첨단 기술 기업은 규모가 작은 의료 시설보다 훨씬 다양한 유형의 경영자가 필요하다. 과거 수십 년 동안 버크만 컨설턴트들은 기업 경영자 가운데 강한 레드 유형과 그린 유형이 많다는 사실을 발견했다. 대기업들이 중공업과 관련되어 있고, 수많은 기업 경영인이 군인 출신이던 시절에는 이런 현상이 당연했을지도 모른다. 하지만 컨설턴트들은 노동력이 다양해지고 업무에 기술과 혁신이 도입되어 업무 현장이 변화되고 있는 지금은 경영자들의 유형이 다양하다는 사실을 발견했다.

: 일이 먼저인가, 사람이 먼저인가

긍정 심리학에 기반을 둔 수많은 진단은 네 가지 유형 이론에 초점이 맞추어져 있다. 하지만 버크만 진단에서 이 이론은 여러 측면의 진단지를 작성하기 위한 기본 토대일 뿐이다.

생활양식도해에는 컬러 사분면 외에 또 다른 요소가 있다. 그러니까 네 가지 컬러 분면은 업무와 관련한 두 가지 측면과 결합된다(도표 3.2). 두 가지 측면은 다음과 같다.

1. 초점. 이는 일하는 방식에서 업무 지향적인지, 사람 지향적인지를 말한다.
2. 업무 방식. 이는 사람들과의 직접 소통을 선호하는지(외향적) 아니면 간접 소통을 선호하는지를(내성적) 말한다.

도표에서 하단 옐로우-블루 영역은 간접 소통을 선호하는 성향을 나타낸다. 상단 레드-그린 영역은 직접 소통을 선호하는 성향을 나타낸다. 왼쪽 레드-옐로우 영역은 업무 지향성을, 오른쪽 그린-블루 영역은 사람 지향성을 나타낸다.

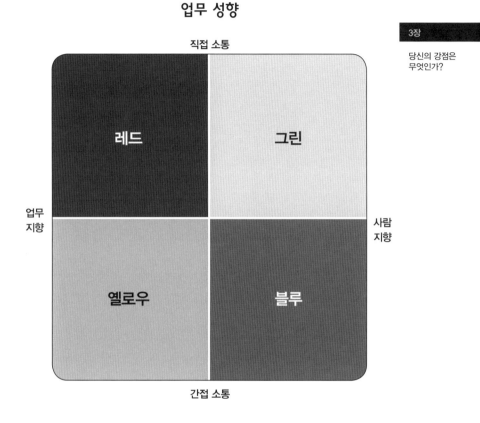

업무 성향

: 대인관계와 관련한 강점

자기 인식을 확장하는 다음 단계는 이 컬러들이 어떻게 결합하여
자신의 특성을 이루는지 살펴보는 일이다. 당신은 각 컬러의 특
징이 당신 안에 조금씩 있다는 사실을 본능적으로 알고 있다. 생
활양식도해에서 개인 특성의 여러 측면을 나타내는 네 가지 기호

의 위치를 살펴보자.

이 네 가지는 대인관계와 관련한 당신의 강점을 말한다. 즉 당신이 원래 어떤 사람인지뿐만 아니라 사회 속에서 어떤 사람인지를 나타낸다. 기호들은 당신이 그러한 측면들을 어떻게 드러내는지 가장 잘 나타내주는 컬러 분면 위에 위치한다. 버크만 진단의 분석 결과를 생활양식도해 위에 표시하면 복잡한 개인의 결과를 쉽게 이해할 수 있다. 개인 특성의 네 가지 영역은 다음과 같다.

| 흥미(✽): 당신이 무엇을 하기를 좋아하는가를 말한다. 즉 어떤 활동에 이끌리는가를 알려준다.

| 평소 스타일(◇): 당신이 대인관계에서 사회화된 행동을 어떻게 드러내기를 좋아하는가를 말한다. 이는 당신이 자신을 어떻게 생각하느냐와 타인이 당신을 어떻게 생각하느냐와 관련이 있다.

| 욕구(○): 당신이 궁극적으로 어떤 환경을 원하는가를 말한다. 이는 환경에 대한 기대치와 스스로 편안함을 느끼는 영역을 알려준다.

| 스트레스 반응(□): 욕구가 충족되지 않았을 때 나타나는 평소 스타일의 변화 양상을 말한다.

여기서 주목할 점은 이 네 영역이 색 분면에서 서로 다른 지점에 위치할 수 있다는 사실이다. 예를 들어, 당신의 흥미가 위치한 컬러 분면은 평소 스타일(혹은 학습된 행동)이 위치하는 컬러 분

면과 전혀 다를 수 있다. 또한 평소 스타일이 위치한 컬러 분면은 당신이 일하고 싶은 환경이나 충전하고 싶은 환경을 나타내는 욕구가 위치한 컬러 분면과 다를 수 있다. 그러므로 당신에 대해 간단한 꼬리표를 붙이거나 한 가지 유형으로 규정짓는 여타 진단 도구로는 당신을 제대로 평가하지 못한다. 인간의 행동을 어떻게 일차원으로 설명할 수 있는가?

생활양식도해를 보면 사람들과의 협력, 구상, 세부 사항, 업무 가운데 당신의 에너지와 열정이 향하는 방향을 직관적으로 알게 된다.

흥미(Interests)

별표로 표시되는 흥미는 당신이 삶에서 가장 끌리는 부분을 나타낸다(도표 3.3). 다음 장에 있는 도표를 보면 옐로우 분면에 있는 별표는 일에서 수치와 관리적 측면을 중시한다는 것을 나타낸다.

자신의 흥미를 아는 일은 중요하다. 흥미는 긴 안목으로 볼 때 자신을 만족시키는 것이 무엇인지 알려주기 때문이다. 고용주가 각 직원이 정말로 하고 싶어 하는 일과 각 직원에게 주어지는 업무를 연결할 줄 알면 근속률이 아주 높아진다. 우리가 즐겨 하는 말이 있다. 수입이 되었든 감정의 발산이 되었든, 흥미 분야는 자신의 일과 역할에 더 즐겁게 임하도록 만들기 때문에 일상의 일부가 되어야 한다고 말이다.

흥미를 나타내는 별표: 당신이 좋아하는 분야

당신은 당신의 흥미가 어디에 위치하는지 잘 알 것이다. 살면서 스스로 성장하고 더 발전했다고 느낄지 몰라도 이러한 흥미 분야는 어린 시절 이후 거의 변하지 않는다. 큰 업적을 이룬 사람들이 자신의 열정을 맨 처음 발견한 때를 다룬 일화들을 들어봤을 것이다. 바이올린의 거장 조슈아 벨의 전기에도 그런 일화가 나온다. 조슈아 벨의 부모님은 아들이 네 살 때 자기 방에서 고무줄 여러 개를 서랍장 손잡이들에 팽팽하게 걸어놓고 그것을 튕기며

음을 내는 모습을 발견했다. 이렇게 흥미 분야를 직업으로 삼지 않았어도 우리의 흥미는 변하지 않고 유지된다.

각각의 컬러를 대표하는 기본적인 흥미 분야 열 가지에 당신이 매긴 점수를 기준으로 생활양식도해에 별표가 표시된다. 흥미는 당신이 즐기고 성취감을 느끼는 활동을 말한다. 흥미는 자신이 하는 업무와 연결되어 있을 수도 있다. 또는 업무에서 벗어났을 때 자신을 충전하는 방법과 관련이 있기도 하다. 흥미 분야는 당신이 흥미를 느끼는 요소들이 자연스럽게 결합된 형태이자 그것들이 당신에게 중요한 정도를 나타낸다. 각 컬러와 연관된 흥미 분야는 다음과 같다.

레드 ■ 기술
　　■ 야외
　　■ 과학

그린 ■ 사회 복지
　　■ 설득

옐로우 ■ 사무
　　■ 숫자

블루 ■ 문학
　　■ 예술
　　■ 음악

당신의 흥미와 당신이 잘하는 부분이 반드시 일치하지는 않는다. 흥미는 당신의 기량이나 타고난 재능을 나타내는 척도가 아니다. 그보다는 당신이 하기 좋아하거나 이끌리는 것을 의미한다.

오페라광이라고 해서 반드시 오페라 가수인 것은 아니며, 재즈를 좋아한다고 해서 색소폰 연주자인 것은 아니다. 하지만 당신의 삶에 이러한 흥미가 중요하다면 이는 당신의 열정과 행복의 원천이 된다. 이러한 이유로 기업들은 직원들이 직장 밖에서 꾸려가는 삶을 더 유연하게 받아들이기 시작했다. 이는 궁극적으로 생산성 향상으로 이어진다.

애틀랜타에서 일하는 버크만 컨설턴트 셸리 해멜은 이런 말을 했다.

"누군가 저보고 사람을 그려보라고 하면 전 잘 못 그리겠어요. 애들처럼 머리는 원으로, 몸과 팔다리는 직선으로 그리는 식이죠. 여자라는 걸 표시하려고 머리카락 몇 개 더 그려 넣는 정도랄까요. 전 예술적 재능이 없어요. 하지만 흥미 분야에서 예술 점수가 높아요. 제가 예술을 사랑하거든요. 출장을 가면 호텔에 체크인하고 가장 먼저 하는 일이 근처에 미술관이 있나 알아보는 거예요. 전 휴식을 취하고 재충전할 때 예술을 즐깁니다."

한편으로는 사람은 자기가 좋아하는 일을 잘하는 경향이 있다. 그렇기 때문에 자기가 좋아하는 분야에 뛰어난 재능을 보일 수 있는 것이다. 버크만 진단에서의 흥미는 직장에서 봉급, 위신, 기회 같은 다른 조건들이 동일하다고 할 때, 자신의 열정을 쏟을 방향을 정하는 중요한 지표로 삼으면 좋다.

버크만 박사는 흥미 분야가 정서적인 건강을 강화시킨다는 점에서 삶의 영양분임을 발견했다. 물론 버크만 진단에서 나온 흥미 분야 점수는 진로를 정하고 업무 환경을 개선하고 일을 자신에게 잘 맞게 조절하는 데 이용하면 된다. 더불어 이 점수는 삶에서 열정을 유지하기 위해 무엇이 필요한지 보여주는 지표이기도 하다.

열 가지 흥미 분야는 각 개인이 열정을 보이는 영역을 나타내며 그 분야에서 돈을 버는 것과는 상관이 없다. 각 분야에 대한 점수는 1에서 99까지로 표시된다.

---

10 미만: 다른 사람이 했으면 하는 분야다.

10~39: 선택권이 주어진다면 당신이 하고 싶지 않은 분야다.

40~60: 당신이 맡을 수도 있고 떠날 수도 있는 분야다.

61~75: 당신이 규칙적으로 할 가능성이 높은 분야다.

76~90: 이 부분 없이는 살 수 없다고 느끼기 쉬운 분야다.

90 초과: 인생을 뒤바꿀 수도 있는 진정한 열정을 품은 분야다.

자신이 느끼는 가장 큰 흥미를 채우는 일은 정신에 자양분을 주는 작업으로 가장 중요하다. 이는 식물에 물을 주는 일과 같다. 그러므로 어떤 분야에 큰 점수가 나왔다면 그것은 직업을 선택할 때뿐만 아니라 기분 전환을 할 때도 중요한 지표가 된다.

창의성과 생산성 측면에서 최고의 기량을 발휘하려고 할 때 자신의 열정을 끄집어낼 수 있어야 한다. 이는 장시간 아주 어려운 일을 해야 할 때 특히 더 그렇다. 이때는 의무감 때문에 흥미가 뒷

전으로 물러나거나 재충전할 시간이 줄어들기 마련이다.

당장 처리해야 하는 업무에서 주의를 다른 데로 돌리기란 사실 쉽지 않다. 이는 제한된 시간 때문이기도 하고 자신의 흥미를 감지하기 힘들기 때문이기도 하다. 오랫동안 업무, 집안일, 매일 처리해야 하는 일에 치이고 때로는 이러한 흥미가 묻혀버려 그대로 잊히기도 한다. 아칸소에 있는 한 가스 회사의 최고경영자가 바로 이런 일을 겪었다. 이 경영자는 버크만 컨설턴트가 그의 음악 분야 점수가 97임을 보여줬을 때 놀라고 말았다. 미시시피 주 옥스퍼드에서 버크만 컨설턴트로 일하는 밥 브루어는 점수를 가리키며 그에게 이렇게 말했다.

"사무실 컴퓨터에 음악을 깔아놓으셨을 것 같은데요."

그러자 이 경영자는 이렇게 대답했다.

"전 음악을 들으며 일하지 않아요. 물론 음악을 정말 좋아하지만요."

이때 밥은 버크만 방식으로 이 문제에 접근했다.

"사람들은 이사님과 함께 일하는 것을 어떻게 말하나요?"

그러자 그가 이렇게 털어놓았다.

"제가 괴짜 같다 하죠, 저를 상대하고 저와 함께 일하기가 쉽지 않다고 말해요."

밥은 이렇게 말해주었다.

"엉뚱한 소리처럼 들리겠지만 하루 종일 라디오나 음악을 틀어놓으세요."

이 경영자는 그동안 리더십 중심의 교육과 조언을 받았던 터라 그 제안을 이상하게 생각했지만 어쨌든 실천했다. 몇 주 후 중간 점검을 했다. 그는 밥의 소소한 제안 덕분에 직장에서 느끼는 감정에 아주 큰 차이가 생겼고, 그 감정이 겉으로 드러났다고 말했다.

"요즘은 사람들이 저를 대하기가 훨씬 편해졌다고 말해요."

밥은 이 말에 "이사님이 스스로 열정을 채우고 있기 때문입니다"라고 응답해주었다.

지금까지 다루었듯 자신의 컬러 특성을 알면 자신이 일하는 방식과 자기에게 맞는 전략적 사고 사이의 간극을 파악하는 데 도움이 된다. 자신의 흥미를 정확히 진단하면 직장에서 균형을 이루기 위해 필요한 부분에 관심을 기울일 수 있다. 이제 당신은 직업에 만족하기 위해 어떤 영역에 더 초점을 두어야 하는지 알게 되었을 것이다.

토론토에 있는 아이피이엑스IPEX사에서 승진을 원하는 상급직 직원을 돕기 위해 흥미 분야 진단을 이용했다. 버크만 진단 결과 그는 설득 분야 점수는 낮았지만 사회복지 분야의 점수가 높았다. 이 회사의 인사부 본부장인 조앤 리바드는 이 결과를 보고 그가 상대방을 잘 설득하는 방법을 배우도록 코칭해주었다.

조앤은 자신의 회사는 건축에 쓰이는 열가소성 관을 만드는 회사지만, 판매 기술이 무엇보다 중요한 부분이라고 말했다. 그 회사는 공학 기술에 초점을 두기 때문에 그동안 고위 인사 자리에 레드 성향이 강하면서 옐로우 성향이 약간 뒷받침되는 사람을 선택했다.

"하지만 우리는 그린과 블루 성향이 전혀 없이는 훌륭한 리더가 되지 못한다는 사실을 알아차렸어요." 버크만 프로젝트에 정통한 조앤은 이렇게 말했다.

조앤이 승진 후보자로 올렸던 그 엔지니어는 기술 분야 점수가 87, 과학 분야 점수가 71이었다. 직장생활 내내 기계 분야에서 일했던 사람이니 이는 예상한 결과였다. 그런데 한 가지 놀라운 사실은 그의 야외 분야 점수가 94라는 점이었다. 이는 이 분야에 진정한 열정이 있다는 의미였다. 조앤은 야외 활동에 대한 그의 흥미를 채워줄 만한 상급 자리가 있는지 알아보았다. 그리고 그 자리를 찾았다. 바로 여행과 현지 사찰 업무가 필요한 타지방 프로젝트팀이었다. 조앤은 이렇게 말했다.

"내부 승진 문화가 있는 조직에서 버크만 진단 같은 도구를 이용하는 일은 발전 계획에 아주 중요한 역할을 합니다. 또한 조언이 필요한 직원을 발견하는 데도 도움이 됩니다."

조앤은 그 회사의 직원 가운데 약 40퍼센트가 20년 이상 근무한 직원들이라면서 근속률이 높다고 했다.

"아이피이엑스는 버크만 프로젝트를 도입하기 전에 코칭을 성과 향상 계획으로 생각했어요. 조직에서 쫓겨날 상황에 처한 사람들만 성과 향상을 최후의 수단으로 받아들였지요. 버크만 진단은 그동안의 제 인사 관리의 틀을 벗어던질 수 있는 근거가 되어주었어요. 저는 예전에 알지 못했던 버크만 진단과 버크만식 언어를 사용하여 객관적인 코치가 되었습니다."

평소 스타일(Usual Behavior)

버크만 진단에서 분석되는 또 다른 특성은 평소 스타일이다. 이 특성은 우리가 평소에 다른 사람들과 교류하며 자신을 드러내고 표현하는 방식을 나타낸다는 점에서 '평소 스타일'이라고 지칭한다. 이것은 자신이 사회적으로 바람직하다고 여기는 행동이기도 하다. 그래서 평소 스타일은 항상 긍정적이고 생산적으로 묘사된다.

흥미가 무엇을 하기를 좋아하는가를 나타내고, 욕구가 이상적으로 어디에 속하고 싶은가를 나타낸다면, 평소 스타일은 어떻게 행동을 드러내기로 했는가를 나타낸다. 도표 3.4에서 레드 분면의 다이아몬드는 그 사람의 학습된 행동이 관리자로서의 특성이 있음을 나타낸다.

당신이 어떤 컬러와 관련된 흥미를 강하게 지녔더라도 다른 컬러 특성의 행동을 할지도 모른다. 또한 당신이 일하고 싶은 환경에 대한 바람이 아주 강할지도 모른다. 이는 생활양식도해를 통해 알게 되는 사실이다. 네 기호가 한 가지 컬러 분면에 집중되는 사람도 있지만, 여러 색깔에 걸쳐 나타나는 사람도 있다. 생활양식도해는 인간 행동의 복잡성을 한눈에 보고 이해할 수 있는 간단한 방식이다. 어떤 특성이 더 좋다거나 더 나쁘다고 말할 수 있

평소 스타일을 나타내는 다이아몬드: 당신의 평소 행동

는 건 아니다. 중요한 점은 인간의 기본 성향이 아주 폭넓으며, 인 간의 본성이 흥미로울 만큼 다양하다는 사실을 이해하는 일이다.

IT 분야에서 일하는 한 직원은 자신의 흥미를 나타내는 기호 가 평소 스타일을 나타내는 기호와 동떨어진 곳에 위치해서 놀랐 지만 기분은 좋았다면서 이렇게 말했다.

"저는 IT 업계 사람이지만 코칭을 좋아합니다. 그래서 제 다이 아몬드(평소 스타일)가 옐로우에 있지만 별표(흥미)가 그린에 있어서 기분이 좋더라고요."

보스턴에서 일하는 버크만 컨설턴트 리사 하트는 컬러 분면을 사람들에게 소개할 때 흥미로운 방식을 첨가했다. 2011년에 리사 하트가 연 한 세미나에는 관리자를 꿈꾸는 직장인들이 가득 모였다. 리사는 이 열정적인 참가자들에게 생활양식도해 보고서를 나눠주기 전에 네 가지 컬러와 각각의 특성을 적은 포스터 네 장을 각각 이젤에 세워놓았다. 그러고는 참가자들에게 자신을 가장 잘 묘사한 내용이 담긴 포스터 앞에 서보라고 주문했다.

주로 26세에서 33세였던 40여 명의 직장인들은 자신이 선택한 색깔 앞에 재빨리 섰다. 참석자들은 자신이 그 색깔 앞에 선 이유를 리사에게 설명했다. 일부는 자신이 가장 좋아하는 색깔이라느니 가장 좋아하는 스포츠팀의 색깔이라느니 하며 농담을 했다. 하지만 레드 앞에 많은 사람들이 몰려 있었다. 이들은 레드의 특성이 훌륭한 리더십에 해당하는 것 같다고 말했다.

리사가 그들에게 각자의 버크만 진단 결과지를 나눠주자 놀라워하는 참가자들이 많았다. 한 여성은 자신이 블루 유형이라는 사실을 알게 되었다. 그 여성 옆에는 직장에서 오랫동안 알고 지내온 동료가 앉았다. 그 동료는 진단 결과가 이상하다면서 그 여성은 확실한 레드 유형이라고 말했다. 그러자 그녀가 이렇게 말했다.

"아니에요, 이게 맞아요. 전 블루 유형이에요. 전 제 자신을 창의적 인간이라 생각하거든요. 레드 유형에 가까워지도록 훈련받

긴 했지만 그건 직장에서 나타나는 제 한쪽 측면일 뿐이에요."

버크만 진단 결과 그 여성의 평소 스타일은 레드 분면에 위치하지만 흥미와 욕구는 블루 분면에 있었다. 리사는 그 여성에게 이런 정보를 바탕으로 상사에게 자신은 예상 외로 전략적으로 계획을 세우고 폭넓은 생각을 한다는 사실을 보여줄 수 있다고 말했다. 이제 그녀는 블루에 속하는 창의적 자아를 만족시켜야 하며, 그렇지 못하면 언젠가 스트레스 지점에 도달할 것이라는 점을 깨달았다. 자신의 기본적 성향에 반하는 방식으로 어쩔 수 없이 계속 행동하게 되면 내적 갈등이 발생한다. 남은 알아차리지 못하는 이러한 내적 갈등은 결국 업무 성과와 개인적인 행복에 영향을 끼친다.

관리자를 꿈꾸는 이 여성은 버크만 진단을 통해 자신의 핵심 강점에 더 자신감을 갖고, 자신이 지닌 특성을 잘 파악하게 되었을 것이다. 그녀는 새롭게 생겨난 자기 이해를 바탕으로 직업적으로 보람을 느끼는 길을 만들어나갈 수 있다. 그러면 미래에 어떤 지도자 역할을 맡든지 간에 자신의 가장 큰 재능을 최대한 활용할 터이다. 또한 자신의 일을 더 만족스럽게 여기게 되어 자신에게나 회사에게나 이득이 될 것이다.

욕구(Needs)

우리가(더 정확히 말하면 대부분의 사람들이) 자기 내면에 자리한 욕구를 발견하기란 쉽지 않은 일이다. 동기적 욕구Motivational

욕구를 나타내는 원: 당신이 타인에게 바라는 것

Needs란 당신이 있고 싶어 하는 환경과 당신이 원하는 재충전 방식을 말한다. 다시 말해, 당신이 최고의 상태가 되기 위해 필요한 요소를 말한다. 평소 스타일은 당신이 효과적이라고 생각하는 방식으로 사회성 유형을 조정하면서 나타나는 결과다. 하지만 욕구는 변함이 없다. 욕구가 블루 분면에 속한다면 창의력을 발산할 수단이 있어야 마음 상태가 편안해질 가능성이 높다.

우리는 버크만 진단 결과를 바탕으로 자신의 진짜 욕구에 대한 논의를 시작할 수 있다. 생활양식도해에서 욕구는 원으로 표시된다(도표 3.5).

뮌헨에서 일하는 컨설턴트 스테판 알테나는 유럽과 미국의 경영자들을 상대한다. 스테판은 전형적인 고위직 문화를 '강렬한 레드'로 묘사했다. 또한 회사에서 직위가 높지 않은 사람들은 아직 레드 유형이 아니지만 레드 유형에 맞게 행동을 조정한다고 말했다. 그들은 성공하기 위해 필요한 업무 방식에 자신을 맞추고, 자신의 흥미를 직장 밖에서 찾으며, 개인적 욕구와 일을 분리하는 경향이 있다. 이는 그들이 일과 생활의 균형을 유지하는 나름의 방식이다. 스테판은 이렇게 말했다.

"그들은 스스로에게 이렇게 말합니다. '직장 밖에서 누리는 생활이 내가 일에 쏟는 노력을 보상해줄 거야'라고요."

다르게 말하면 버크만 진단 결과는 어떤 사람의 레드 유형 행동이 그 사람의 진정한 특성과 어느 정도 맞는지 보여준다. 그 결과 그 사람의 열정을 되살리려면 어떻게 해야 하는지도 보여준다. 스테판은 "버크만 진단은 항상 일과 삶을 다루기 때문에 좋은 코칭 도구다"라고 말한다. 버크만 진단은 명백히 드러나는 행동과 타인이나 심지어 자기 자신도 명백히 인지하지 못하는 행동을 함께 밝힐 수 있는 유일한 방식이다.

스트레스 반응(Stress)

버크만 분석의 중요한 측면 한 가지는 스트레스 행동이 명확

도표 3.6

정사각형: 당신의 욕구가 충족되지 않을 때의 행동

레드

- 일부러 바빠진다
- 타인의 감정을 무시한다

그린

- 위압적으로 변한다
- 계획을 따르지 않는다

옐로우

- 필요한 변화를 거부한다
- 타인과 대면하기를 꺼린다

블루

- 행동을 주저한다
- 최악의 가능성만 생각한다

(스트레스 반응)

하게 규정된다는 점이다. 스트레스 반응은 욕구가 오랫동안 충족되지 못하면 점점 누적되다가 갑자기 발산되는 경향이 있다. 스트레스 반응은 정사각형으로 표시된다. 이 정사각형은 욕구를 나타내는 원과 항상 동일한 지점에 위치한다(도표 3.6).

대인관계와 관련한 내 마음 깊은 곳의 욕구를 다른 사람들은 대개 알아차리지 못한다. 그러므로 이러한 욕구를 만족시키는 일은 자기 자신이 책임져야 할 문제다. 욕구를 만족시키지 못하면 마음이 불편한 상태에 돌입하며 심각한 스트레스 반응이 나타난다. 이런 이유로 도표에서 정사각형은 욕구를 나타내는 원과 동일한 자리에 위치한다. 누구나 생산적인 강점을 갖추고 있지만, 그 이면의 약점도 지니고 있다. 이러한 이면은 불만족스럽고 비생산적인 행동으로 나타난다.

버크만 진단을 받은 사람들 가운데 많은 이가 스트레스 반응을 분석한 부분에서 진단 보고서 내용의 상관성을 가장 잘 느낀다. 누구나 가끔씩 스트레스를 받긴 하지만 모두 똑같은 방식으로 그것을 드러내지는 않는다.

캐나다 오타와의 한 국회의원은 흥미 분야에서 문학과 음악에 높은 점수를 보였다. 컨설턴트인 조나단 마이클은 진단 결과를 바탕으로 그에게 직장 밖에서 자신의 열정을 발휘하라고 조언했다. 이 의원은 그동안 피로를 호소했고 중압감에 시달렸다. 그가 짊어진 막대한 책임을 생각하면 그럴 만도 했다. 마이클은 "혹시 시를 쓰시냐고 물었더니 그분 얼굴빛이 환해졌어요"라고 말했다. 하버드대학에서 교육을 받은 이 하원의원은 저자이기도 했다. 조나단은 그의 보고서를 보고 그에게 시적 감수성이 있으리라 추측했다. 마이클은 "그분은 하버드대학에 다닐 때 매주 시를 썼다고 했어요"라고 말했다. 하지만 그는 변호사에 이어 입법자가 되면서 글쓰기를 중단했다.

마이클은 그에게 의원도 시를 써야 한다고 말했다. 그는 마이클에게 고무되어 시를 다시 쓰기 시작했다. 이후에 그는 시 쓰기가 국회의원으로서의 삶에 영향을 끼쳤다고 말했다고 한다. 시를 쓰게 되면서 스트레스가 줄었고, 일상으로 돌아가 맡은 일을 할 수 있는 에너지가 솟아났다고 했다. 마이클은 "그분에게 시 쓰기는 새 힘을 얻는 행위입니다"라고 말했다.

기호를 이은 삼각형

네 가지 기호인 별표, 다이아몬드, 원, 정사각형(원과 정사각형은 같은 지점에 있다)은 삼각형을 이룬다. 이 삼각형의 크기, 모양, 전반적인 위치에는 나름의 의미가 있다. 이 네 가지 기호들은 컬러 사분면 어디에든 위치할 수 있으며, 흥미와 평소 스타일은 연관성이 거의 없을 수도 있다. 흥미와 평소 스타일이 같은 분면에 위치하는 사람들은 그 컬러의 특성에 충실하고 자신을 그 특성에 맞게 잘 드러낸다. 그런 사람들은 상당한 일관성을 보이며 그들의 행동은 예측이 가능하다. 바로 이런 부분 때문에 그들의 마음을 다른 사람들이 읽고 그들의 욕구를 채워주는 일이 비교적 수월하다. 하지만 이런 특성은 그들이 편안함을 느끼는 영역을 떠나는 일과 자신과 방식이 다른 사람들의 욕구를 이해하는 일에 유연하지 못한 원인으로도 작용한다.

넓은 삼각형은 행동 변화의 폭이 크다는 점을 나타낸다. 대인 관계 방식이 다양하고 여러 가지 접근법을 쓸 때 이런 현상이 나타난다. 당신의 평소 스타일 기호와 욕구 기호 사이의 거리가 멀수록 다른 사람들이 당신의 핵심 욕구를 쉽게 알아차리지 못할 가능성이 크다. 또한 다른 사람들은 당신과 어떻게 소통해야 할지 몰라 혼란스러울 수 있다. 반면 장점도 있다. 필요할 때마다 다른 강점을 이용할 수 있다는 점이다. 당신의 삼각형이 한 분면에 있든, 두 분면이나 세 분면에 걸쳐 있든지 간에 당신의 강점들은 정확히 나타난다.

: 색으로 말하다

월마트Wal-Mart에서 18년 동안 일하다가 2008년에 자문회사를 차린 스테이시에 의하면, 버크만 프로젝트는 월마트에서 가장 많이 이용되는 훈련 도구이며, 특히 팀을 이끌어가는 중간 관리자들에게 성공적이었다고 한다.

버크만 진단은 연수 프로그램에서 직원들의 욕구들을 파악하고 회사 전반의 문제를 해결하기 위해 이용되었다. 스테이시는 이렇게 말했다.

"샘스 클럽(Sam's Club, 월마트 산하 슈퍼마켓 체인-옮긴이)이나 약국 부서에서 제게 팀워크나 의사소통 능력을 향상시키는 방법이나 서로 다른 팀원들을 잘 이끄는 방법을 묻곤 했어요."

월마트에서 스테이시는 오랫동안 물류팀에서 일하다가 직원들의 훈련과 계발을 담당하는 부서로 옮겨갔다. 그곳에서 리더십 계발을 담당하는 고위 관리자가 되었다.

"월마트에선 버크만 진단이 사용되고 있었기 때문에 직원들은 버크만식 용어를 사용하는 데 능숙했어요. 그렇기 때문에 직원들 사이의 관계를 조율하는 문제를 두고 크게 고민하지 않아도 되었어요. 직원들은 자신을 어떻게 대하길 바라는지, 자신이 어떤 식으로 일하고 싶은지 그냥 솔직하게 말했거든요. 가령 '전 평소 스타일이 옐로우예요'라고 말하는 식이었어요. 직원들은 이런 말들을 자연스럽게 했어요."

월마트의 직원 계발 부서 담당자들은 직장 내 여러 가지 역할을 설명하고, 그 역할이 버크만 진단의 생활양식도해와 어떻게 관련되는지 이해시키려고 재미있는 활동을 했다. 담당자들은 참가자들을 컬러 특성별로 그룹을 지었다. 그리고 그들에게 인솔자 역할을 맡아 어린이들과 함께 디즈니랜드로 장거리 여행을 떠나는 가상의 시나리오를 주었다.

"우리는 각 그룹의 사람들과 대화를 나누면서 그 여행을 하기 위해 필요한 것은 무엇인지 이야기했어요. 그들은 자신들이 속한 색깔의 관점에서 이야기를 했어요. 블루에 속하는 사람들은 아이들을 위해 그런 일을 하는 것이 얼마나 좋은 일인지, 사회라는 큰 맥락에서 그런 일이 어떤 의미가 있는지 이야기했어요. 그린에 속하는 사람들은 버스에 타서 노래도 부르고 중간중간 SNS에 글을 올릴 거라 말했어요. 레드에 속하는 사람들은 중간에 화장실 가는 시간을 딱 한 번 허용할 거고 그것도 주유하려고 멈출 때만 허용할 거라는 말을 했어요. 출발 시간도 아주 명확하게 정했어요. '아침 여섯 시에 버스에 올라타야 한다. 내가 말한 여섯 시는 정확히 다섯 시 삼십 분이라는 뜻이야!'라고 아이들에게 말한다고 했지요. 옐로우에 속하는 사람들은 간식과 구급상자를 준비한다고 했어요. 뿐만 아니라 내비게이션, 지도책, 맵퀘스트(미국의 인터넷 지도 서비스 업체-옮긴이) 인쇄물, 부모님들이 서명한 동의서를 가져갈 거라 했어요."

이후 서로 가상의 계획을 발표하면서 각 방식의 특성을 한눈에 알 수 있게 하였다. 이 활동을 통해 참가자들은 서로의 특성과 강점을 이해했다. 이후에는 이렇게 자신을 색으로 표현하는 것이 자연스러워지면서, 구성원들 간의 의사소통도 한결 부드러워졌다고 한다.

팀 구축

버크만 프로젝트는 아주 중요한 목표를 이루기 위해 팀을 구축하고 유지하는 데 효과적인 도구다. 여기서 말하는 팀은 소규모 프로젝트팀에서 서로 동떨어진 여러 부서를 통합한 팀에 이르기까지 다양하다.

대부분의 팀원들은 눈앞에 닥친 업무를 잘 안다. 사실 대부분 특정한 팀의 구성원들은 일을 잘하는 사람들로 선택되기 마련이다. 이런 팀이 위기를 맞는 때는 의사소통 문제가 발생하고 일을 처리하는 방식에서 의견이 충돌할 때다. 이때 버크만 진단을 이용한다면 팀원들은 각 개인의 유형과 차이를 알게 된다. 그러면서 공동의 목표를 이루는 데 그러한 차이를 어떻게 이용할지 배울 수 있다.

네 가지 색은 생각을 행동으로 옮기는 과정을 나타낸다는 점도 기억해주길 바란다. 그러니까 블루는 계획 수립을, 그린은 타인이 그 계획을 받아들이도록 설득하는 일을 나타내며, 레드는 실행을, 옐로우는 계속 순조롭게 실행되도록 만드는 일을 나타낸다. 기업에는 이 모든 과정에서 믿음직한 존재가 필요하다. 기업 경영자들은 버크만 진단을 이용하여 기업 자체의 특성이나 기업 내에 있는 팀들의 전반적 특성을 파악할 수 있다. 그리하여 성장에 필요한 적절한 균형을 갖추고 있는지 판단하게 된다.

이렇게 큰 그림을 보는 일은 회사에서 갈수록 아주 중요해지고 있다. 긴급한 문제를 해결하기 위해 팀을 구성하거나 변경하는 일이 흔하게 발생하기 때문이다. 과거에는 일반적으로 팀이 오랫동안 유지되었다. 그런 상황에서 팀원들은 유대감을 형성했고 일하는 방식이 충돌하여 소소한 문제가 발생하더라도 해결하기가 쉬웠다. 그런데 이제는 팀이 긴급하게 구성되는 경우가 많다. 그렇기 때문에 관리자가 큰 그림을 파악하고, 각 팀원이 조직에 기여하는 부분을 모든 팀원이 이해할 수 있는 방식이 반드시 필요하다.

효과적인 팀 리더십 구축

〈포춘〉지 선정 100대 기업에 속하는 한 기업의 부사장은 수십억 달러 규모인 정부와의 계약을 따내는 데 도움을 얻기 위해 버크만 진단을 이용했다. 사업 제안서를 제출하려면 다양한 기술과 전문 지식을 갖춘 수백 명의 직원들이 팀을 이루어 협력하는 환경이 갖추어져야 했다. 이 기업이 맨 처음 제출한 제안서는 받아들여지지 않았다. 하지만 일부 세부적인 사항을 인정받아 다시 한 번 기회를 얻었다.

이러한 제안서를 처음 작성해본 부사장은 버크만 컨설턴트 코니 찰스에게 도움을 청했다. 계약을 따내기 위한 활동을 이끌어 갈 유능한 관리자 팀을 재빨리 구성할 수 있게 도움을 달라고 했다. 그때를 돌아보며 부사장은 이런 말을 했다.

"계약을 따내려면 예전과 완전히 다른 문화와 새로운 협력 방식을 형성해야 했어요."

엔지니어링, 회계, 공급자 관리, 사업 개발 분야에 각각 전문 지식을 갖춘 다양한 사람들로 팀이 새롭게 구성되었다. 그런데 이 중요한 팀의 팀원들은 함께 일하는 데 익숙하지 않았다. 코니는 이렇게 말했다.

"기업 내 다양한 부서 출신의 사람들로 팀이 구성되었어요. 그들은 예전 부서에 대한 충성심이 남아 있었죠. 급료, 조직에서의 위치, 업무 처리 과정이 모두 다른 사람들이라 잘 변하려 하지 않더라고요!"

그 프로젝트는 워낙 복잡했다. 동시에 기업 입장에서 엄청나게 중요한 업무였다. 그렇기 때문에 코니는 팀원들이 스트레스를 받는 환경에서 일하게 되리라는 점을 알았다. 그녀는 버크만 진단을 이용해 이러한 스트레스가 팀원들이 협력하는 데 어떤 영향을 끼칠지 예상했다. 그리고 그러한 정보를 바탕으로 팀원들이 스트레스 행동을 피하는 데 도움을 주었다. 그래야 팀원들이 속도를 내서 효율적으로 일할 수 있기 때문이다.

코니는 시간적 압박을 고려할 때 팀원들 사이의 관계가 반드시 공고해야 한다고 판단했다. 그녀는 이렇게 말했다.

"버크만 데이터는 정확하기 때문에 우리는 앞으로 문제가 어디서 발생할지 알았어요. 그래서 팀원들이 그 문제를 해결하기 위해 재빨리 협력하는 방법도 알고 있었죠. 우리는 팀원들이 공고한 관계를 형성하는 데 도움을 줬어요. 뿐만 아니라 그들이 제안서를 제출하는 과정에 존재하는 허점을 판별할 수 있었어요."

예를 들어, 버크만 진단 점수를 보면 그들이 협력을 잘하는 팀원들이 될 수 있음을 예상할 수 있었다. 왜냐하면 그들이 개인적으로 인정받기보다 하나의 그룹으로서 인정과 보상을 받기를 선호한다는 사실이 진단 결과에서 일관되게 나타났기 때문이다. 하지만 그들의 이상주의가 '경쟁력 부분에서 약점'으로 작용했다고 코니는 말했다. 그들은 경쟁업체 모두가 똑같은 규칙에 따라 경기를 하며, 그들이 뛰고 있는 경기장이 공평한 경쟁의 장이라고 가정했다. 그런데 이러한 가정 때문에 경쟁자들이 어떻게 경기장을 자신들에게 유리하게 만들고 있는지 간과했다. 코니는 이렇게 팀원들의 동기와 관점을 제대로 파악한 결과, 그들이 제출할 제안서에 경쟁 우위 요소를 더 적극적으로 만들 방법을 찾도록 도움을 주었다.

그 팀원들은 새로운 제안서를 완성하여 제때 제출하였고 결과물에 만족했다. 하지만 코니는 버크만 진단으로 나타난 또 다른 결과에도 주목했다. 그 팀원들 가운데 상당수가 자기 비판적 성향이 강했던 것이다. 코니는 만일 그들이 계약을 따내지 못한다면 각자 자기 탓을 하리라고 예상했다. 그래서 최고경영자에게 결과가 나오기 전에 그 팀원들에게 감사를 표시해달라고 제안했다. 그래야 그들이 자신들의 노력이 진정으로 인정받았다고 느낄 수 있기 때문이라고 설명해주었다. 코니는 이렇게 말했다.

"만일 그 일이 실패로 돌아갔다면 아마 그 팀원들은 큰 충격에 빠져 자신을 엄청 비난했을 거예요. 그래서 나쁜 결과가 나온 뒤에는 누가 감사의 표시를 해도 귀에 들어오지 않았을 거예요."

하지만 좋은 소식이 들려왔다. 그 기업이 계약을 따낸 것이다. 코니는 그 후에도 그 프로젝트를 실행해야 하는 500여 명의 직원들에게 계속 도움을 주었다.

새 출발

스포츠야말로 그 어떤 분야보다 협력하여 제대로 기능하는 팀을 만드는 일이 중요하다. 대학 운동부는 팀을 구성하고 활동하는 주기가 빨리 바뀌는 경향이 있다. 이는 야외 경기장에서 뛰는 팀이든 코트에서 뛰는 팀이든, 아니면 보이지 않는 곳에서 일하는 관리팀이든 모두에게 해당된다.

전미 대학 경기 협회NCAA의 디비전 I (NCAA는 디비전(Division) I, II, III 로 분류되며 관리자, 선수 선발, 혜택, 학자금 지원, 경기 및 훈련 시즌 등에 대한 규칙이 각 디비전마다 다르다-옮긴이)에 속하는 한 코치가 해고되거나 다른 곳에 영입된다면 이는 커다란 변화를 뜻한다. 이렇게 되면 대개 그 팀의 비디오 제작 담당자에서 운영 책임자에 이르기까지, 그 팀에 관여했던 모든 사람의 계약이 종료된다. 이는 버지니아 리치먼드에서 일하는 버크만 컨설턴트 메리 루스 버튼이 한 말이다. 메리 루스는 버크만 진단을 대학의 전문적인 운동팀과 팀 운영자들에게 도입한 몇 안 되는 컨설턴트 가운데 한 명이다. 이 여성 컨설턴트는 이렇게 말했다.

"코치 한 명이 떠나면 운동부 관리자는 새로운 코칭스태프(감독을 포함해 여러 분야에 걸친 전담 코치를 총칭하는 말-옮긴이) 전원을 2주 안에 다시 뽑아야 합니다. 재계 지도자들도 이러한 일의 속도와 강도에 아마 혀를 내두를 겁니다."

그러한 상황에서 운동부 관리자가 느끼는 중압감이 유달리 큰 이유는 자신의 성과가 성공적인 채용에 달려 있기 때문이다. 특히 헤드 코치와 팀 스태프를 잘 뽑아야 한다. 현명한 관리자들은 조사를 시작하여 빈자리를 채울 만한 후보자들과 인맥을 쌓는다. 하지만 딱 맞는 후보자를 선택한 후 다양한 특성의 인물들을 한데 모아 성공적인 팀으로 만드는 것은 아주 힘든 일이다.

메리 루스는 업무 선호도와 업무 방식이 다양한 사람들로 코칭스태프가 구성되는 것이 중요하다고 말했다. 이는 그들이 승리에 대한 끊임없는 압력에서부터 젊은 선수들의 훈련에 이르기까지 완전히 상이한 요구 사항들을 잘 해결해야 하기 때문이다.

347곳의 대학교가 속한 디비전 I의 세계는 특히 변화가 심하다. 노우드 티그는 버지니아 코먼웰스대학교에서 운동부 관리자로 60명의 스태프를 이끌었다. 그러다 2012년 6월에 빅 텐(Big Ten, 미국에서 스포츠팀들의 명성과 더불어 학문적으로도 특화되어 명성을 날리는, 최상위 수준의 10개 대학을 가리킴-옮긴이)에 속하는 미네소타대학교에 운동부 관리자로 영입되었다. 메리 루스는 더 폭넓은 지도력을 발휘해야 하는 위치에 걸맞도록 노우드에게 도움을 주었다. 노우드는 700

여 명의 학생 선수들을 책임질 관리팀을 재구성하는 일을 지휘해
야 했다. 올림픽 출전팀에서 남녀별 농구, 축구, 아이스하키팀에
이르기까지 학생들이 속한 운동팀은 실로 다양했다. 노우드는 이
렇게 말했다.

"운동 경기라는 게 워낙 빨리 진행되고 부담이 많이 됩니다. 우
리는 전략적으로 접근해야 할 뿐만 아니라 결정을 재빠르게 내려
야 합니다. 버크만 진단은 구성원들을 적재적소에 배치하게 해주
고, 팀원들 다 같이 민첩하게 움직이는 방법을 알려준 훌륭한 도
구입니다."

메리 루스는 우선 노우드가 여러 가지 전략을 세우는 데 도움
을 주었다. 뒤이어 대표 스태프와 인터뷰를 했다. 또한 스태프, 코
치, 보조 코치, 트레이너, 기금 모금인, 교수단, 대학 총장의 사무
실 직원, 운동부 기부자 등 운동부와 이해관계가 있는 내외부의
수많은 사람과도 인터뷰를 했다. 그렇게 해서 운동부에 대한 그
들의 목표와 기대를 알아냈다. 그들은 "경기에서 승리하면 좋겠
어요", "선수들이 우리와도 친해졌으면 좋겠어요", "운동부가 학
생 선수들을 성장시켰으면 해요" 같은 말을 했다.

메리 루스는 이러한 정보를 바탕으로 관리자들이 그들의 다양
한 요구 사항을 만족시킬 계획을 세우는 데 도움을 주었다. 그리
고 버크만 진단을 이용하여 그러한 계획을 실행하는 데 어떠한
강점들이 필요한지 결정하는 데 도움을 주었다. 그녀는 이렇게
말했다.

"모두 레드나 그린이었다면 그들은 기금을 모으고 성과를 내는 일에는 뛰어났을 겁니다. 하지만 미래를 위한 깊이 있는 생각을 하고 계획을 세울 수 있었을까요? 버크만 진단은 각자 강점이 분명한 구성원들을 이끄는 레드에 속하는 리더가 계획을 실행하거나 도움을 얻을 수 있는 방법을 제공해줍니다."

결국 스태프들은 학생들이 노력을 게을리하지 않게 도울 뿐만 아니라 장차 책임감 있는 성인이 되도록 돕는다는 마음으로 젊은 선수들을 이끈다. 메리 루스는 이런 점에서 코칭스태프가 가족 같은 역할을 한다고 생각했다. 또한 메리 루스는 모두가 스트레스 행동에 방심하지 않도록 했다. 18세에서 21세에 이르는 학생 700명을 다루는 스태프들은 학생 선수들의 복지, 경기 성과, 학업이 다 신경 쓰이기 때문이다.

메리 루스는 노우드가 새로운 코치가 필요하다고 느낄 때 새 코치를 고용하는 부분에도 도움을 줄 준비가 되어 있다. 현재로선 노우드가 적임자를 적재적소에 배치했다고 확신한다. 메리 루스는 버크만 진단지를 바탕으로 사람을 선택하지 않는다. 다만 채용된 사람들의 타고난 강점을 버크만 진단을 이용하여 파악한다. 가령 통계, 세부 계획 수립, 동기부여, 이기기 위한 새로운 전략 고안 등 어디에 뛰어난지 파악한다. 그런 후에 그들에게 우선 각자의 강점에 맞는 일을 맡긴다.

메리 루스는 직원들을 다 뽑고 나서도 버크만 보고서를 다시 이용하여 직원들이 '서로를 잘 이해하게' 만든다. 그러면 직원들은 곧장 협력하여 일을 하게 된다. 메리 루스는 이런 말을 했다.

"우리는 새로운 코치나 관리자들과 함께 팀 개발 회의를 열어요. 서로의 강점, 동기가 되는 욕구, 평소 스타일을 빨리 이해하기 위해서죠. 관리직 직원이나 코칭스태프는 이러한 부분을 시간이 흐르면서 시행착오를 거쳐 파악할 수도 있고 아예 처음부터 파악할 수도 있어요. 버크만 진단은 그런 부분을 처음에 곧바로 파악할 수 있게 해주는 훌륭한 증서와 같아요."

괴짜?

어느 팀에든 제 할 일을 다 하고 유능하면서도 꼭 다른 동료들과 불화를 일으키는 직원이 한두 명 있다. 버크만 컨설턴트들은 이런 문제를 해결해달라는 부탁을 흔하게 받는다.

캘리포니아에 소재한 첨단 기술 분야의 한 신규 업체는 이런 문제에 직면했다. 바로 중요한 팀의 한 구성원이 동료들과 계속 충돌하는 것이었다. 매사추세츠에서 컨설턴트로 일하는 벳시 콜은 이 창의적인 구성원들이 자신의 의견이나 구상을 얼마나 잘 제시하는지 보려고 팀 정기 회의에 참석했다. 자유롭게 의견을 나누는 그 회의는 인상적이었고 모두 회의 결과에 만족하는 듯했다. 그런데 영업부 부사장만은 화난 표정이었고, 좋은 의견이 제시될 때마다 "좋아요, 그래서 뭘 어떻게 하겠다는 거지요?"라고 물었다.

그 팀의 구성원들은 그들의 버크만 진단 보고서를 보았을 때 충돌의 원인을 알게 되었다. 그들은 대부분 블루 유형이라 의견과 구상에 초점을 맞추었다. 그들은 충분한 생각 없이 일을 진척시키거나 프로그램을 실행할 계획을 세우는 것을 싫어했다. 진단 결과를 확인하는 과정에서 인정받는 관리자였던 영업부 부사장의 역할이 갑자기 부각되었다. 그는 동료들의 의견을 무시한 것이 아니라 그 의견들이 성공적으로 실현되기를 바랐다. 다만 실제 적용할 방법을 찾지 못한다면 그들의 의견은 생각에 그치고 만다는 사실을 알았다.

이후에도 회의에 여러 번 참석한 벳시는 이렇게 말했다.

"이름이 팀인 그분은 점점 동료들의 인정을 받았어요. 동료들은 어떤 문제를 그분에게 맡기자는 말을 하기 시작했지요. 그들은 자신들이 무엇을 잘못하고 있었는지 깨달았고 올바른 방향으로 가려면 그분의 도움을 받으면 된다고 느꼈어요."

제대로 된 업무 평가

스티븐 포스터는 리디파인 호텔 매니지먼트(Redefine Hotel Management, 영국에 있는 호텔 관리 전문 회사–옮긴이)의 지역 담당 관리자다. 그는 각 호텔의 총지배인들 10명이 작성한 자기네 직원들의 업무 평가서를 검토할 때 버크만 방식으로 접근했다. 각 지배인들 밑에서 일하는 직원들만 180명 정도였다. 스티븐은 이렇게 말했다.

"버크만 프로젝트를 이용하기 전에는 그분들의 업무 평가서를 검토할 때 소위 정해진 기준을 따랐어요. 문제는 그분들이 사람에 초점을 두지 않고, 업무 수행에 대한 증거에 초점을 둔다는 점이었어요. 또한 평가가 감정적으로 이루어지는 경향도 있었고요."

스티븐 포스터는 그 정해진 기준이라는 것도 총지배인들이 업무 평가를 제대로 했는가에 초점을 두지 않고, 업무 평가를 6개월마다 했는지 확인하는 정도에 지나지 않았다고 덧붙였다. 실제로 업무 평가서를 들여다보면 총지배인들이 해당 호텔의 고객 서비스 점수가 얼마나 높은지에만 초점을 두는 경향이 있었다. 스티븐 포스터는 이렇게 말했다.

"이 점수가 높으면 직원들이 좋아했을 거라고 생각하기 쉽죠. 하지만 이 점수가 항상 높은 건 아니었어요. 이제 우리는 총지배인의 특징을 알아내고 그것이 점수에 어떤 영향을 끼치는지 파악합니다."

영국의 컨설턴트 타스님 비라니는 2012년 6월에 버크만 프로젝트를 호텔업계에 도입했다. 타스님은 호텔의 업무 평가의 초점을 다양한 직무와 그와 관련된 훈련에 맞추는 데 버크만 진단을 이용했다. 그는 이렇게 말했다.

"버크만 진단은 개인의 흥미를 더 명확히 이해하게 해줍니다. 흥미는 업무의 다양한 영역에서 성과를 내도록 만들지요. 직원 교육을 할 때 개인의 특성을 고려해야 한다는 점도 명확히 알 수 있게 해주고요. 그러니까 버크만 진단은 총지배인이 사람 중심적인 접근법을 쓰도록 만드는 데 효과가 있습니다."

스티브 포스터는 버크만 프로젝트가 대화의 틀을 깨는 데 도움이 된다고 말했다. 그러니까 지배인들이 각자의 강점을 파악하고, 그러한 강점이 공동의 목표를 달성하는 데 어떤 도움이 되는지 파악하는 대화를 직원들과 나눌 수 있게 되었다고 했다. 그는 이렇게 말했다.

"이를 통해 이따금 우리가 놓친 대화나 하고 싶지 않은 부담스러운 대화를 이끌어내는 방법도 생각하게 되요. 그리고 그 방법도 그분들이 찾아냅니다. 그래서 대화를 나누기가 훨씬 수월해졌어요."

직원들에게 최고의 성과를 내도록 고무시키려면 무엇을 피해야 하는지, 직원 코칭을 어떻게 해야 하는지에 대한 방향을 잡으려면 버크만 보고서를 이용하면 된다. 예를 들어, 호텔 업계와 관련 없는 한 버크만 보고서에는 직원 코칭에 대해 다음과 같은 조언이 담겨 있다.

- 개인적으로 감사를 표하되 너무 과장되지 않게 한다.
- 압박감을 느끼는 상황에 있는 직원에게 개인적으로 특별한 관심을 기울인다.
- 최상의 협력을 이끌어내려면 원칙과 기준을 일관되게 적용한다.
- 가능한 영역에서 변화를 선택의 문제로 허용한다.
- 직원의 주도성을 허용하고 생각과 행동의 자유를 허용한다.

스티븐 포스터는 새로운 접근법에 대해 "이제 우리는 그분들과 미래를 진지하게 논의할 수 있습니다. 그리고 논의의 초점은 사람을 최대한 활용하는 부분에 있습니다"라고 말했다. 또한 "버크만 진단은 접근하기 쉬운 방식이라서 자사가 다루는 호텔들의 총지배인들이 하는 업무 평가 과정에 버크만 진단을 포함할 계획입니다"라는 말도 덧붙였다.

제4장

일과 관련한 11가지 관계 요소

버크만 프로젝트는 각 개인을 하나의 퍼즐로 바라봄으로써 인간 특성의 정교함을 다루는 접근법이다. 당신의 얼굴 사진으로 된 조각 퍼즐을 상상해보자. 퍼즐 한 조각으로는 이것이 얼굴의 어느 한 부분이라는 걸 알 수 없다. 하지만 한 조각씩 맞추다 보면 전체 그림을 점점 보게 된다. 버크만 프로젝트에서는 개인의 행동 유형을 처리 가능한 조각들로 나눈다. 바로 개인의 특성을 더 이해하기 쉽게 만드는 조각들이다. 이 가운데 가장 중요한 조각들이 바로 11가지 관계 요소다.

정식 버크만 보고서에는 당신이 진단지에 표기한 응답들이 분석되어 있고, 당신의 점수가 11가지 관계 요소별로 스펙트럼에 표시되어 있다. 이는 자신의 강점들과 동기부여 요소들을 파악하는 데 도움이 된다. 이러한 강점들은 제대로 파악하여 잘 살려나가야 하는 것들이다. 당신은 자기의 강점이 무엇이며 그것이 제대로 발현되지 않을 때가 언제인지 잘 알아야 한다. 그렇지 않으면 당신의 가장 뛰어난 재능이 결국 실패 원인이 될 수 있다.

버크만 진단 후 전체 보고서를 받은 사람들은 대개 11가지 관계 요소 결과지를 책상에 보관한다. 오랜 직장생활 동안 자기관리를 위한 참고 자료로 이용하기 위해서다.

당신은 버크만 관계 요소 결과지를 가지고 있지 않을 수도 있다. 그렇지만 어쨌든 당신의 특성에서 중요한 부분들이 직장 안팎의 인간관계에 어떤 영향을 끼치는지 알려주는 정보를 이 책에서 얻게 될 것이다.

인간관계와 관련한 욕구라고 말할 수 있는 11가지 관계 요소는 다음과 같다.

1. 존중(Esteem) - 타인과의 일대일 관계

2. 수용(Acceptance) - 개인과 집단과의 관계

3. 체계(Structure) - 시스템과 절차

4. 권위(Authority) - 지시와 통제

5. 이익(Advantage) - 보상과 경쟁

6. 활동(Activity) - 행동에 대한 속도와 정도

7. 공감(Empathy) - 감정 표현을 편안해하는 정도

8. 사고(Thought) - 결정하는 데 걸리는 시간의 길이

9. 자유(Freedom) - 사회적 관습과 개성

10. 변화(Change) - 변화에 대한 대처 방식

11. 도전(Challenge) - 스스로 부과한 과제

이 스펙트럼은(점수가 1에서 99까지 표시된다) 사회화된 행동에 대한 전체적인 견해를 보여준다. 이들은 연속체다. 11가지 요소 가운데 어떤 것도 독립적으로 생각할 수 없다. 두 가지 이상의 요소가 결합하여 특정한 행동을 강화시키거나, 특정한 성향을 억누르는 요소로 작용하기도 한다. 이런 이유로 이 책에서 11가지 관계 요소를 대부분 주제별로 묶어서 다루었다. 물론 능숙한 버크만 컨설턴트는 이 모든 요소 사이의 상호작용을 분석하는 방법을 안다. 우리는 관계 요소의 점수를 보면서 이렇게 묻는다. 점수가 낮은가? 점수가 높은가? 점수가 더 높은 것은 무엇인가? 점수 사이의 차이가 얼마나 큰가? 이 점수들을 한데 모아놓고 보면 개인의 특성을 정확하게 알게 된다.

뒤에 나오는 여러 장에서는 관계 요소들의 다양한 결합을 보여주는 여러 가지 예를 담았다. 하지만 여기서 우리의 목적은 기본적으로 당신이 자신의 특징을 이해하게 만들고, 그러한 이해가 직장생활을 어떻게 수월하게 하는지 깨닫게 하는 데 있다. 단순히 당신이 진단 결과를 분석하는 데 능숙해지도록 훈련시키려는 것이 아니다.

11가지 관계 요소는 채용과 승진에서 아주 유용한 도구다. 이것은 채용이나 승진 후보자의 특징을 업무 자격 요건과 관련 짓

는 데 이용된다. 즉 이력서나 면접 과정을 보완하는 방식으로 이용하는 것이다.

높은 활동성이 필요한 일인가? 깊은 사고가 필요한 일인가? 사람들과의 주기적인 의사소통이 필요한 일인가? 플로리다 주 사라소타에서 일하는 컨설턴트 피터 케이포다이스는 이러한 질문들을 포함해 여러 가지 질문을 던졌다. 바로 플로리다 주 탬파에 있는 외식 프랜차이즈 기업에서 고위직 한 명을 채용하는 데 도움을 청했을 때였다. 피터는 가장 가능성 있는 후보를 발견하고, 더불어 채용된 사람에 대해 예측을 더 잘하기 위해 11가지 관계 요소를 이용하기로 했다. 피터가 생각한 중요한 질문은 다음과 같았다. '성공적인 채용이 되도록, 그 자리에 오랫동안 있을 사람을 알아볼 방법이 있는가?'

직원 유지는 특히 대기업에서 아주 중요하게 여기는 문제다. 대기업은 경영 간부를 영입하는 데 엄청난 돈을 쏟아붓는다. 그러다 그 사람이 회사와 맞지 않을 때 그만큼의 돈을 다시 써야 하는 상황에 직면하기도 한다. 피터는 이런 말을 했다.

"채용 면접 때 자신을 과장하는 데 뛰어난 사람들이 있어요. 하지만 석 달 정도 지나면 그 모습이 변하지요. 우리는 면접용 행동을 가려내고 그 사람의 동기부여 요소가 정말로 무엇인지 꿰뚫어 보고 싶었어요."

11가지 관계 요소는 피터가 겉으로 드러난 평소 스타일의 이면을 보고, 인간관계와 관련한 욕구와 업무 동기를 파악하는 데 도움이 되었다. 피터는 의뢰인을 위해 부적합한 지원자를 예측하여 고용하지 않게 해주는 모델을 고안했다. 이를테면 만일 지원자 특징과 자격 요건 사이에 차이점이 10가지 이상 존재한다면 채용 담당팀은 채용이 불가능하다고 판단하는 것이다. 어떤 지원자가 직접적인 의사소통 성향이 있는데 해당 업무는 간접적인 의사소통이 필요한 일이라고 해보자. 그렇다면 차이점 1이 된다. 그리고 신입직원이 상대해야 할 관리자는 외향적인데 지원자는 내향적이라고 해보자. 그렇다면 차이점 2가 된다. 해당 업무에는 굉장히 체계적인 사람이 필요한데 지원자가 즉흥적인 사람이라고 해보자. 그렇다면 차이점 3이 된다. 이런 식으로 차이점을 매긴다.

물론 쉽게 해결될 수 있어 용인하는 차이점들도 있다. 피터는 이러한 사례로 자신이 예전에 자문을 해주었던 보스턴 소재의 한 회사를 떠올렸다. 그 기업의 개발 담당 최고책임자는 흥미 분야에서 예술 점수가 91이었는데, 발표 자료가 미적으로 보기 좋아야 한다고 생각했다. 반면 가맹영업 담당 부사장은 예술 점수가 18로, 발표 자료에 중요한 부분만 담으면 된다고 여기는 사람이었다. 이후 이런 점을 파악한 회사 측이 그 부사장의 파워포인트를 '발표 가능한 형태'로 바꿀 수 있는 사람과 한 팀으로 묶음으로써 문제가 발생하지 않았다.

피터는 업계 최고인 그 외식 프랜차이즈 기업의 중역 자리를 채우기 위해, 오랫동안 컨설턴트로 일하며 모은 방대한 데이터베이스를 검토했다. 바로 다른 프랜차이즈 기업들의 경영진 수천 명과 관련한 자료였다. 피터는 주요 프랜차이즈 기업과 경영 적임자를 연결해주는 일을 할 때 이러한 자료를 이용했다. 피터는 결국 적임자를 찾는 데 성공했다. 그 사람은 경험이 풍부한 경영자였다. 그 사람은 11가지 관계 요소에서 그 기업 최고경영자와 별다른 차이를 보이지 않았고 채용팀에 있던 다른 경영자들과도 기껏해야 두 가지 정도의 차이만 보였다. 또한 그는 전략적 사고와 계획 실행력에 뛰어난 자질을 가졌다. 그의 버크만 진단 결과 보고서에는 이 두 가지 특징이 강조되어 있었다. 현재 그 사람은 새로운 위치에서 일을 잘 해내고 있다. 피터는 이렇게 말한다.

"버크만 프로젝트는 사람들이 제각각 아주 다르다는 점과 누군가는 특정한 조직 문화에 잘 맞아 그 조직원들이 배우고 성장하는 데 필요한 부분을 제공할 수 있다는 점을 잘 보여줍니다. 바로 이 점이 버크만 프로젝트의 장점입니다."

: 평소 스타일, 욕구, 스트레스 반응

전 장에서는 버크만 프로젝트에서 다루는 흥미 분야와 함께 개인 특성의 세 가지 기본 측면을 소개했다. 생활양식도해 보고서에는 이러한 내용이 개요서 형태로 담겨 있고, 진단지에 응답한 모든 내용이 종합적으로 요약되어 있다. 이제부터는 11가지 관계 요소를 더욱 자세히 살펴보면서 이 세 가지 중요한 측면을 함께 언급할

도표 4.1 수용 요소

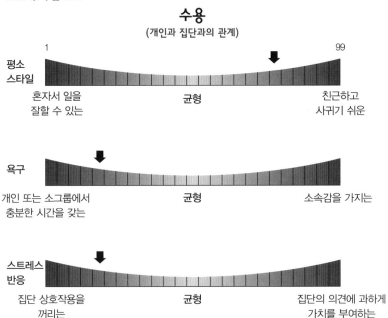

수용
(개인과 집단과의 관계)

평소
스타일

1 ··· 균형 ··· 99

혼자서 일을
잘할 수 있는 　균형　 친근하고
사귀기 쉬운

욕구

개인 또는 소그룹에서
충분한 시간을 갖는 　균형　 소속감을 가지는

스트레스
반응

집단 상호작용을
꺼리는 　균형　 집단의 의견에 과하게
가치를 부여하는

것이다. 그러면서 이러한 관계 요소들이 일상에 어떤 영향을 끼치
는지 더 자세히 알려주려고 한다. 우선 그 전에 평소 스타일, 욕구,
스트레스 반응의 세 가지 측면이 어떻게 구성되었는지 살펴보자.

버크만 전체 보고서에서 각 관계 요소는 1에서 99까지의 점수
를 나타내는 세 개의 스펙트럼에 화살표로 표시한다. 각각의 점
수는 모두 중요하다. 세 개의 스펙트럼이 나타내는 것은 각각 평
소 스타일, 욕구 그리고 욕구와 대응관계에 있는 스트레스 반응

이다. 점수는 이렇게 세 가지 측면으로 제시된다. 평소 스타일 점수와 욕구 점수는 자신의 평소 모습과 자신이 타인에게 바라는 것을 들여다볼 수 있는 한 쌍의 렌즈다. 그리고 셋째 스펙트럼의 점수는 욕구가 충족되지 못할 때 스트레스가 어떤 양상으로 드러나는지를 나타낸다. 이런 식으로 11가지 관계 요소로 강점을 정의하는 것은 '약점을 인식하는 것'이라는 난제를 시각적으로 이해하기 쉽게 해준다. 이 세 가지 점수는 흥미 점수처럼 전체를 기준으로 한 비교 점수가 아니라 해당 특성의 정도를 나타낸다.

1-10: 매우 강한

11-39: 강한

40-60: 양쪽 면을 갖는

61-69: 강한

91-99: 매우 강한

여기까지 버크만 진단 점수가 생활양식도해와 관련되면서 다차원적 측면을 띠는 것을 간단히 살펴보았다. 이제 개인의 세 가지 특성을 11가지 관계 요소와 관련지어 살펴보려고 한다.

평소 스타일

평소 스타일은 직장과 일상이라는 무대에서 자신을 사람들에게 드러내는 방식과 생산적으로 사람들과 상호작용하는 방식을 나타낸다. 다시 말해 당신의 이러한 행동은 주변 사람들이 관찰할 수 있는 행동이다. 이것은 다른 사람들과 원만히 지내기 위해 터득한 사회화된 행동으로 자기에게 유용하다. 평소 스타일은 사람이 살아가면서 상황에 맞게 쉽게 채택하고 쉽게 바꿀 수 있다. 그렇기 때문에 타인의 눈에 긍정적으로 비춰진다.

욕구

다른 사람들은 당신의 이 중요한 특징을 쉽게 알아보지 못한다. 버크만 진단에서 '욕구'라 불리는, 동기부여 요소인 이 특징은 다른 진단에는 없는 개념이다. 이 특징은 굉장히 중요하다. 이것은 생산성을 유지하기 위해 재충전하고 마음의 평정을 유지하는 방법과 관련 있다. 그렇기 때문에 오랫동안 욕구가 충족되지 못하면 스트레스 반응이 나타나기 시작한다.

많은 심리적 접근법이 사람을 평소 스타일의 범주에서만 생각하고, 지극히 중요한 욕구라는 측면은 다루지 않는다. 하지만 자기관리에 성공하고 싶고 감성지능을 더 계발하고 싶다면 자신이 타인과 상호작용하는 방식과 관련지어 자신의 욕구를 명확히 정의해야 한다. 애틀랜타의 컨설턴트 스티브 콘월은 "당신에게 가장 중요한 욕구 세 가지를 지인들에게 이해시킨다면 삶이 변할 수 있다"고 말한다.

그 다음 단계로 동료, 상사, 가족 등 당신의 삶에서 중요한 다른 사람들의 욕구를 이해해야 한다. 이 과정 역시 쉽지 않다. 본래 인간은 다양성을 추구한다. 그래서 우리가 매일 대하는 주변 사람들의 욕구와 전혀 다른 욕구를 갖는 일은 흔하다. 하지만 사람들은 타인과 협력하고 서로를 이해하는 방법을 찾아야 한다. 그래야 주어진 일을 제대로 완성하며 그 과정에서 행복감도 느끼게 된다. 버크만 프로젝트는 당신이 불만을 뛰어넘어 이러한 일련의 과정을 맛보게 해준다.

스트레스 반응

스트레스 반응은 시간이 지나도록 자신의 욕구를 충족시키지 못할 때 나타나는 비생산적인 행동을 말한다. 스트레스 반응은 평소 스타일과 마찬가지로 쉽게 인지된다. 이런 행동은 보기에 좋지 못하다. 누구나 자신의 이런 행동을 항상 순순히 인정하는 것은 아니다. 이때 주변 사람들이 당신이 스트레스를 받을 때 어떻게 행동하는지 당신에게 이해시켜줄 수 있다.

스트레스는 교묘하면서도 파괴적인 특성이 있다. 직장에서 스트레스가 분출되면 동료와 멀어지기도 하고 팀이 와해되기도 하며 프로젝트에 지장이 생기고 경력에 방해가 되기도 한다. 버크만 진단의 중요한 목표 한 가지는 당신이 스트레스를 받는 시간을 최소화하는 데 능숙해지도록 돕는 것이다. 자신에게 일어나는 일을 제대로 인식하면 자멸적인 스트레스 행동에 갇히는 상황을 피할 수 있다. 스트레스 초기의 경계 신호를 알아차리는 방법을 배운다면 스트레스를 빨리 날려보내고 다시 생산적인 행동으로 돌아가게 된다.

스트레스 반응이 어떤 양상을 띠는지는 버크만 보고서에서 간단한 언어로 소개된다. 관계 요소 진단 결과를 보면, 매일 상대해야 하지만 시각이 당신과 다른 사람에게 당신의 스트레스 반응이 어떻게 비춰질지 명확하게 알 수 있다. 바로 이런 점 때문에 버크만 비교 보고서는 직장 동료들에게 가치가 크다. 스티브는 이렇게 말했다.

"버크만 스트레스 반응 보고서를 자기 코칭에 활용하면 좋습니다. 스트레스를 받았을 때에 이 보고서를 이용해 자신을 괴롭히는 요소에 대한 해답을 찾는 겁니다."

처음부터 버크만 컨설턴트와 상담하는 것도 버크만 보고서에 나타난 복잡성을 명확히 이해하는 데 도움이 된다. 처음에 상담을 받은 대부분의 고객들이 이후에도 자기 조율과 일상의 유지를 위해 보고서의 11가지 관계 요소 부분을 참고하는 일을 수월하게 여긴다.

: 긍정성 유지

사람은 표범의 반점을 바꾸지 못한다. 하지만 표범을 다루는 법을 배울 수는 있다. 자신의 특성을 잘 활용하여 생산성을 유지할 수 있다면 그만큼 이득이다. 이렇게 되면 회사에 아주 유익하다. 그리고 더 중요한 사실은 개인에게도 아주 유익하다는 점이다. 불만족스럽거나 화가 나거나 기운이 소진될 때 그 이유를 이해한다면 괴로운 기분을 좀 더 잘 다스리게 된다. 그 결과 자신에게 있는 강점의 긍정적이고 생산적인 측면을 다시 끌어낼 수 있다. 여기서 버크만 프로젝트의 목적은 겉으로 드러난 긍정적인 행동과 내면에 자리한 재충전의 욕구 사이의 차이를 조절하는 방법을 사람들에게 알려주는 것이다.

직장이든 다른 환경이든 그 구성원들이 상호작용하는 집단에 버크만 프로젝트가 도입된다면 각 개인의 욕구를 좀 더 충족해줄 새로운 대화의 장이 열리기 마련이다.

노련한 버크만 컨설턴트는 11가지 관계 요소 보고서에 있는 33가지(11가지 요소 곱하기 3가지 특징-옮긴이) 항목들 사이의 관련성을 분석할 줄 안다. 특히 평소 스타일 점수 대 욕구 점수의 의미를 분석하는 방법을 잘 안다. 버크만 보고서에 나온 세부 사항들은 주목할 만하며, 거기에 실린 정보들은 실로 놀랍다. 이는 대부분의 사람들이 동료들과 그러한 대화를 나누지 않는 것은 물론이고 스스로도 그러한 주제를 생각하지 않기 때문이다. 버크만 보고서는 직장에서 요구되는 부분들과 업무 성과에 대한 세세한 진실을 보여준다. 버크만 보고서가 아니었다면 이러한 진실은 명확하게 설명되지 못했을 것이다.

당신은 당신의 가족이나 당신이 좋아하는 영화에 대해 담소를 나누는 인간미 있는 상사를 좋은 상사로 생각하는가? 아니면 중요한 사항을 지시해주고 명확한 행동 계획을 이메일로 보내주는 딱 부러진 상사를 좋은 상사로 생각하는가? 당신이 실제로 좋아하는 상사 유형은 사람들이 대개 이상적으로 생각하는 유형이 아닐 수도 있다. 또한 어떤 상사는 자신이 원하는 모습이 권위적인 상사가 아닐 수도 있다. 당신은 버크만 보고서를 통해 생산성에 대한 중요한 정보와 상사와 부하 직원 사이에서 의사소통을 잘하는 방법을 알게 된다. 그러니까 직장에서 당신에게 가장 잘 맞는 방식을 알게 되는 것이다.

여러 요소와 측면이 다양하게 결합되어 분석된 당신의 특성 보고서에는 당신의 유리한 면과 불리한 면이 모두 담겨 있다. 전반적으로 볼 때 그 보고서에는 당신이 자아실현을 하기 위해 무엇이 필요한지, 동료와 지인들과 어떻게 소통하고 있는지, 주변 사람들이 당신을 어떻게 보고 있는지가 다 담겨 있는 셈이다. 자신의 유형이 타인에게 어떤 영향을 끼치는지 알게 되면 어떤 직장에 있든지 관계를 보는 눈이 확 뜨인다. 그 관계가 부하 직원, 고객, 동료든 상관없이 말이다. 버크만 진단 보고서는 새로운 종류의 대화를 나눌 수 있는 기반을 제공한다.

협상

버크만 진단은 모든 종류의 협상에 유용하다. 사람들의 동기와 태도를 제대로 이해하면 협상 대상자와 대화하는 데 큰 도움이 된다. 결국 버크만 프로젝트의 핵심은 사람들의 차이점을 파악하는 방법을 배워 타협이 가장 어려워 보이는 부분에서 화합을 이끌어내는 데 있다.

캘리포니아 주 뉴포트비치에서 일하는 다나 스캔넬은 1990년대 후반 이후 버크만 프로젝트를 이용하여 성공적인 결과를 일구었다. 바로 미국의 대형 항공사와 거래하는 한 대규모 조합에 고문 역할을 하면서다.

다나는 직원 7,000명으로 구성된 그 조합과 항공사 사이에 체결된 4년 계약을 재협상하는 데 도움을 주었다. 다나는 그 조합에서 일하고 있었기 때문에 항공사에 대한 정보가 부족했다. 조합 구성원들은 버크만 진단을 받았기에 버크만 접근법에 익숙했다. 다나는 그들이 각자의 진단 결과를 바탕으로 경영진의 사고를 이해할 수 있도록 했다.

그녀는 2년 동안 진전 없이 대화를 질질 끄는 사이 본사에 있는 작은 협상실의 분위기가 점점 어두워졌다고 회상했다. 양측 각각의 협상자 네 명과 변호사 네 명을 포함한 약 20명 정도가 협상실 가운데 있는 정사각형 탁자에 둘러앉았다. 협상실은 정중한 자리였지만 대부분의 남성 참가자들은 재킷을 문 앞에 벗어놓고 셔츠와 넥타이 차림으로 임했다. 협상 대표자들은 지난 몇 달 사이 서로에게 친숙해졌지만 전반적인 협상 분위기는 논쟁적이었다. 경영진이 노동 계약이 체결되지 않아서 발생하는 손실을 막아야 한다는 압박감을 갈수록 크게 느꼈기 때문이다. 협상의 진척 속도는 느리기만 했고 들인 시간에 비해 이렇다 할 성과가 없었다. 주요 사안 가운데 특히 임금, 외주 방지 보호책, 채용 수준, 초과 근무에 대한 논의에 진전이 없었다.

협상 고문 일을 새롭게 맡은 다나는 대화를 활성화하고 조합원들 사기를 높이기 위해 뭔가를 해야 했다. 조합 측은 그동안 기득권 반환(노동조합이 임금 인상 등과 교환 조건으로 다른 기득권을 포기하는 일-옮긴이) 요구를 끈질기게 받아왔다. 다나는 한 달여 동안 거의 매일 회의를 했고 밤늦게까지 회의를 하는 때도 있었다. 그녀는 월요일에 비행기를 타고 날아가 팀원들과 회의를 하고, 화요일, 수요일, 목요일에 항공사 측과의 회의에 같이 참여했으며, 금요일에 다시 팀원들을 만나곤 했다. 다나와 조합 측 협상자들은 항공사 측과의 회의가 끝난 후에는 다시 모여 그날 오간 대화 내용을 논의했다. 협상 기간 중 마지막 3주 동안은 양측이 일주일에 6일을 만나는 바람에 일정이 몹시 빡빡했다.

그러다가 노조 측은 전략을 짜냈다. 다나는 그때 일을 이렇게 설명했다.

"우리는 노동자 측에 있는 각 개인을 보면서 경영자 측과 가장 비슷한 사람이 누구일까 찾아보았어요. 경영자 측의 신경을 거슬리게 하는 사람은 그들과 상반된 사람이라는 생각이 들었거든요. 우린 경영자 측을 자극하지 말고 친밀감을 쌓아보자고 말했죠. 흔한 방식이긴 하지만 가족 얘기를 먼저 꺼내보기로 했어요. "아, 자녀가 세 분 있군요. 저도 그렇습니다"라는 식으로요. 하지만 협상 대표자들은 그런 진부한 질문을 별로 달가워하지 않았어요. 그래서 버크만식 전략으로 그들의 마음을 움직일 방법을 깊이 생각해보았어요."

조합 측 협상팀은 경영자 측의 협상 대표가 강하게 지녔을 것으로 보이는 버크만식 특성을 파악했다. 즉 회의 동안 수치에 대한 흥미가 강해 보이는 경영자에게 "이 부분에서 손익 계산을 해봐야 한다는 건 저희도 압니다"라든가 "손익을 따져보면 바로 이런 결과가 나올 겁니다" 같은 말을 했다.

블루 유형으로 더 큰 대의명분과 개인의 자유에 대한 욕구가 강할 것으로 예측되는 사람에게는 이런 말로 시작했다고 한다.

"손익에 대한 답도 찾아야겠지만 사람들에게 무엇이 올바를까 판단하고 행동해야 합니다. 그리고 협상 결과가 양측 모두에게 의미 있는 결과가 되어야 합니다. 이 부분을 어떻게 생각하십니까? 우리가 서로 반대 측이라는 사실은 잠시 잊어주시길 바랍니다. 경영자 측이 원하면서 저희도 납득할 만한 결과는 과연 무엇일까요?"

그러자 갑자기 상황이 잘 풀리기 시작했다. 수년 동안 지속된

고투의 시간이 지나고 논의와 타협이 활기차게 이어졌다. 양측은 10일 안에 그 후 그 업계를 대표하는 계약에 타결을 보았다. 양측의 상당한 양보가 반영된 계약이었다. 더욱이 그 협상은 기업 측에선 경제 상황이 상당히 안 좋은 불경기에 이루어진 것이었다. 조합 측은 여느 조합들이 원하는 결과를 일구어냈다. 시간급, 고용 보호, 퇴직 수당 부분에서 애초에 예상했던 것보다 더 좋은 결과를 얻어낸 것이다.

항공사 최고경영자는 마지막 순간에 협상실로 들어와 협상 대표자들과 악수를 하며 "잘하셨습니다"라고 말했다. 다나는 조합에서 일하는 동안 경영자의 그런 모습을 본 적이 없었다. 최고경영자가 뒤이어 한 말은 더 놀라웠다. 그는 다나에게 다가와 "다나 씨가 조합 측인 건 알지만 저와 얘기를 좀 나누셔야겠습니다"라고 말했다. 그는 조합 측에게 고객 서비스 향상을 위한 단기 프로젝트를 진행해야 하는데 다나 씨 도움을 받아도 되는지 양해를 구했다. 이에 양측 모두 동의했다. 그녀는 이런 말을 했다.

"그 최고경영자가 그동안의 과정을 이미 알고 있었고, 협상 결과에 깊은 인상을 받았다고 하더라고요."

제5장

당신이 선호하는
의사소통 방식은 무엇인가?

11가지 관계 요소 가운데 가장 먼저 알아볼 것은, 의사소통에서의 성향을 가장 잘 드러내는 두 가지 요소다. 이 두 가지는 어떤 위치에 있든지 리더십을 효과적으로 발휘하고 일을 잘하기 위한 기본이 된다. 의사소통 기술이 좋지 못하면 신뢰 관계를 발전시키기 어렵다. 하지만 아무리 자기 생각을 잘 표현하는 사람이라도 직장에서 다른 사람들과 방식이 안 맞아 서로 충돌한다면 말이 안 통하는 사람으로 느껴질 수 있다. 대부분의 사람들은 남을 대할 때 선의를 품고 있다. 하지만 도움을 받지 않고서는 타인의 시각으로 세상을 바라보는 일이 쉽지 않다. 이런 점에서 버크만 진단 같은 객관적 도구가 도움이 된다.

버크만 진단에서는 사회성 유형과 관련해 두 가지 요소가 측정된다. 이를 통해 의사소통 유형을 분석할 수 있다. 두 가지 요소는 다음과 같다.

1. 존중에 대한 욕구(타인과의 일대일 관계)
2. 수용에 대한 욕구(개인과 집단과의 관계)

이 두 가지 점수는 외향적 행동(생활양식도해에서 상단 부분에 해당함)이나 내향적 행동(생활양식도해에서 하단 부분에 해당함)에 대한 성향을 나타낸다. 의사소통 측면에서 외향성을 나타낸다는 것은 존중 점수가 낮고 수용 점수가 높다는 의미다. 이와 반대로 생각해보자. 존중에 대한 욕구가 높고 집단 내 수용이나 사교에 대한 욕구가 낮다면 내향성이 강한 것이고 이는 생활양식도해에서 하단 영역을 나타낸다.

존중이라는 요소는 수용이라는 요소보다 이해하기가 더 어려울 수 있다. 그리고 여기서 존중은 자아 존중이라는 개념과 관련이 없기 때문에 오해하지 말기를 바란다. 존중은 타인과의 일대일 관계를 정중하고 요령 좋게 이끌어가는 것을 얼마나 선호하는가를 나타낸다. 존중 점수가 낮다는 것은 노골적이고 단도직입적이란 말이고, 이 점수가 높다는 것은 신중하고 세심하다는 말이다.

수용이라는 요소는 전반적인 사교성과 관련 있다. 버크만 진단에서 이것은 집단 모임에 속하고 싶은 바람과 그것을 받아들이는 정도를 나타낸다. 반대로 생각하면 이것은 재충전을 하기 위해 혼자만의 시간이 얼마나 필요한가를 나타내기도 한다. 예

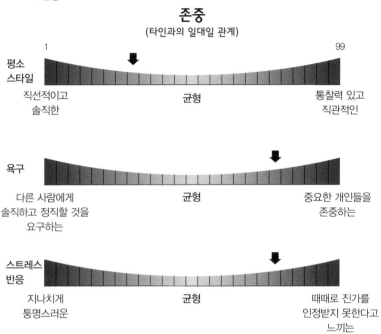

를 들어, 사람들과의 교류에서 외향적이고 사교적이며 굉장히 재미있는 사람이라고 해도 혼자만의 시간을 마련하거나 친한 사람한 두 명과 편안한 시간을 보내며 재충전을 할 필요가 있다.

밴쿠버의 컨설턴트 조나단 마이클은 수용 요소에서 평소 스타일 점수가 99로 아주 높게 나왔고 욕구 점수가 10으로 나왔다. 그는 이렇게 말했다.

"전 사교적 인간으로 보이지만 사실은 혼자만의 시간을 보내고 싶어요. 숲 속 오두막집에서 저 혼자서나 혹은 아내와 둘이서 시간을 보냈으면 좋겠어요."

존중 요소에서 평소 스타일 점수가 낮고 욕구 점수가 높게 나타나는 경우는 흔하다(도표 5.1). 본인은 말을 직설적으로 하지만 상대방은 눈치 있게 정중한 반응을 보이기를 선호하는 사람이 이에 해당한다. 다시 말해, 본인은 할 말을 단도직입적으로 쏟아내도 타인의 그런 행동을 잘 받아들이지 못한다는 말이다. 만일 사장이 이런 유형이라면 문제가 발생할 여지가 크다. 부하 직원이 황금률을 믿는 사람이라 '사장이 남에게 대접 받고 싶은 대로 남을 대접한다'고 생각한다고 해보자. 그래서 사장에게 솔직하고 노골적으로 말한다면 이 직원은 난관에 처할 수 있다. 이 사장은 이런 말을 퉁명스럽고 무례한 말로 받아들일 가능성이 높기 때문이다.

그러므로 존중 요소에 대한 점수를 보면 자신이 대접받고 싶은 방식에 대해 타인에게 올바른 신호를 보내기가 쉽지 않다는 사실을 알 수 있다. 당신이 존중에 대한 욕구가 강한 사람이라고 해보자. 그렇다면 타인에게 노골적으로 말하는 것이 타인이 당신에게 부드럽고 요령 있게 말하게 만드는 좋은 방법은 아니다.

스펙트럼의 다른 측면에서 살펴보자. 존중에 대한 욕구가 낮은 사람이라면 상대방이 단도직입적이고 솔직하게 말하는 것을 더 좋아한다. 그래서 상대방이 유달리 온화한 어투로 말하면 불편하게 여기거나 심지어 의도를 의심하기도 한다.

휴스턴에서 의료업에 종사하는 한 고위직 전문가는 존중 요소에서 평소 스타일 점수가 낮았고(31) 욕구 점수가 높았다(79). 그러니까 본인은 노골적으로 말하면서 노골적인 말은 잘 받아들이지 못하는 사람이었다. 예전에 그는 항상 독립적으로 일하는 자리에 있었다. 하지만 승진을 몇 번 거듭하면서 부하 직원 다섯 명과 함께 큰 프로젝트를 수행해야 하는 팀의 책임자가 되었다. 그렇게 해서 관리직을 처음 맡게 되었다. 그의 버크만 컨설턴트로 일하는 필립 바이스는 이렇게 말했다.

"그분은 마음이 따뜻하고 좋은 분이었는데 직원들에게 매우 호되게 대했어요. 그동안 높은 성과를 내며 일해왔는데 팀과 함께 일하니 성과가 떨어진다고 느꼈거든요."

필립은 자신은 컨설턴트로서 관리자가 더 높은 직에 올라 더 효과적으로 일해야 할 때 리더십을 약한 단계에서 강한 단계로 끌어올리는 일을 주로 한다고 설명했다. 그러한 관리자들은 필립에게 "그렇게 되려면 어떤 행동을 해야 합니까?", "어떤 행동이 제 발목을 잡을까요?" 같은 질문을 흔히 한다고 했다. 휴스턴의 그 관리자는 스트레스로 말미암은 행동을 보였다. 이는 업무 분위기에 나쁜 영향을 주었고 그동안 어렵게 얻은 평판도 훼손되었다. 그는 부하 직원들에게 자주 화를 냈고 날카롭게 말했다. 이는 그가 그 자리로 승진하기 전에는 전혀 보이지 않던 행동이었다. 필립은 "상황이 정말 안 좋았어요"라고 회상했다.

필립은 버크만 방식을 이용하여 의사소통에 초점을 두고 그 관리자가 고려해야 할 행동 범주를 검토했다. 필립은 그 관리자에게 버크만 방식을 이해하려면 빙산을 떠올려보라고 했다. 그러면서 '평소 스타일'은 빙산에서 눈에 보이는 부분이고, '욕구'는 물밑에 있는 부분이라 어떤 형태인지 알 수 없다고 말했다. 그리고 '스트레스 행동'은 욕구가 충족되지 않을 때 물 속에서 돌출되어 빙산 겉면으로 튀어나와 눈에 보이게 된 부분이라고 설명했다.

버크만 진단 결과 그 관리자는 존중 요소에서 평소 스타일 점수가 낮고(31) 욕구 점수는 높으며(79), 수용 요소에서 평소 스타일 점수가 높고(74) 욕구 점수도 높았다(92). 이런 그는 팀원들을 자신의 높은 기준에 맞게 적극적으로 몰아가고, 동시에 고위 간부들의 기대를 만족시켜야 한다는 압박감을 느꼈다.

그 관리자는 버크만 진단 보고서를 보자 점차 안도감을 느꼈다고 말했다. 필립은 이렇게 말했다.

"마치 그분에게 온전한 자기 자신이 될 수 있는 허가증을 주는 기분이었어요. 하지만 그분도 자신의 성향 중 일부는 자신에게 도움이 되지 않는다는 걸 깨달았어요."

그 관리자는 자신의 행동을 명확하게 들여다보게 되면서 직원들에게 잘 대해주기 시작했다. 심지어 핵심 직원 몇 명에게는 사과도 했고 점차 자신의 화를 다스렸다. 또 일을 잘 해내는 직원들에게 많은 것을 요구하지 않고 예전보다 더 많은 지지를 보냈다.

: 너무 가까운 동료 사이

정보 서비스 담당 관리자로 일하는 한 여성은 존중 요소에서 욕구 점수가 높았고(90), 수용 요소에서도 욕구 점수가 높았다(90). 이 여성은 일에 파묻혀 지냈는데 문득 자신을 너무 심하게 몰아붙였다는 생각이 들었다.

버크만 진단 점수에서 짐작할 수 있듯 이 여성은 직장에서 몇몇 사람들과 강한 친밀감을 쌓았을 뿐만 아니라 전체 팀원과도 좋은 관계를 형성했다. 그러다가 한계를 느꼈다. 이 여성은 자신과 자신의 팀이 회사에 기여한 부분을 회사가 인정해주고 높이 평가해주기를 바랐다. 하지만 이 여성이 일하는 대규모 제약 회사의 문화는 그녀의 욕구와 완전히 대조적이었다. 이러한 갈등 때문에 이 여성은 끊임없이 스트레스를 받았다. 특히, 버크만 진단 결과를 보면 자기 비판적 성향이 강해서 더욱 스트레스를 받았다. 문제가 생기면 자기 탓을 했기 때문에 어떤 악조건에서도 일을 완수해내려고 기를 썼다.

이 여성은 버크만 진단을 통해서 자신을 앞으로 나가지 못하게 가로막는 요인을 비로소 바로 보게 되었다. 컨설턴트 바바라 로빈슨은 이런 말을 했다.

"그분은 직장에서 쌓은 일대일의 친분을 놓치고 싶지 않아 했고, 부서 전체 직원들과 맺은 강한 유대감도 잃고 싶어 하지 않았어요. 그 뿐만 아니라 야심찬 목표도 달성하고 싶어 했어요. 그 목표에 도달하게끔 직원들을 준비시키는 데 엄청난 노력을 쏟아 부었죠. 하지만 회사 문화가 변하면서 그분이 그렇게 밀고 나갈 수 없다는 점이 분명하게 드러났어요."

그 여성은 3년 동안 컨설턴트의 조언과 도움을 받았다. 그러자 마침내 조직을 자신의 욕구를 충족시키도록 변화시킬 수 없으며, 자신이 달성하려는 목표를 조직이 높이 평가하게 만들기 어렵다는 사실을 받아들이게 되었다. 그 대신 새로운 직장을 얻었다. 다니던 회사와 비슷한 회사의 더 높은 자리로 옮겨간 것이다. 새 직장에서는 그녀의 강점을 알아봐주었고 팀 작업에 그녀가 공헌한 부분을 높이 평가해주었다.

: 호들갑은 이제 그만

컨설턴트 토드 우터스텟이 맡은 한 고객은 존중 요소의 평소 스타일 점수와 욕구 점수에서 극심한 차이를 보였다. 그 여성은 오하이오 주 신시내티에 있는 한 병원에서 15년 동안 이사로 일했다. 그런데 갈수록 일에 좌절감을 느꼈고 동료들 앞에서 울음을 터뜨리기까지 했다. 자신의 강점이 온전하게 영향력을 발휘하지 못하고 인정받지도 못한다며 불만을 토로했다. 또한 자신이 맡은 일을 하는 데 충분한 지원을 받지 못한다고 느꼈다.

사실 병원 측에서는 그 여성을 굉장히 유능한 관리자로 생각했다. 그 여성의 상급자들은 그녀가 업무에서 느끼는 고충을 해결하고 나면 더 큰 리더십을 발휘해야 하는 역할을 맡기를 바랐다. 그 여성은 자신이 다음 단계로 어떤 일을 해야 할지 조언을 얻고자 토드에게 상담을 신청했다.

놀랍게도 버크만 진단 결과 그 여성의 감정 폭발은 지나치게 예민한 성격 탓이 아닌 것으로 나타났다. 사실 그 반대였다. 그 여성은 주변 사람들이 자신을 감정적이지 않고 객관적으로 대해주기를 절실히 원했다.

그녀는 존중 요소에서 평소 스타일 점수가 높았던(79) 만큼 대인 관계에서 한 사람 한 사람을 배려했다. 그래서 그 여성을 개인적으로 대하는 사람들은 그녀를 수완 좋고 이해심 많은 사람으로 보았다. 그들은 직장 안팎에서 겪은 괴로운 일들을 그녀에게 터놓고 말하는 것을 편안하게 생각했다. 하지만 존중 요소에서 그 여성의 욕구 점수가 낮은(9) 만큼 토드는 다음의 사실을 알게 되었다. 그러니까 이 여성은 사람들이 자기 할 일이나 잘하길 바랐고, 호들갑을 떨고 감정에 격한 말들을 쏟아내며 자신을 성가시게 하지 않기를 바랐던 것이다.

지나치게 세심한 배려가 실은 그 여성의 욕구와 맞지 않았고 스트레스 요인이 되었다. 아니나 다를까, 사람들은 그 여성이 화를 내면 그녀에게 더 관심을 기울이고 상냥하게 대해야 한다는 신호로 생각했다. 토드는 "그런 점이 상황을 훨씬 더 악화시켰어요"라고 말했다. 그러한 반응에 그녀의 감정은 더 폭발했다.

그 여성은 버크만 진단 보고서를 읽더니 "모두 제가 하라는 대로 할 순 없는 건가요?"라며 농담 섞인 말을 했다. 몇 달 후 그 여성은 다른 병원으로 직장을 옮겨 예전보다 훨씬 더 책임감 있는 자리를 맡았다. 그 고객은 토드에게 이렇게 말했다고 한다. 옮겨간 직장의 문화가 '자신의 욕구와 잘 맞고' 그곳에서 직업적으로 성장할 기회를 얻었다고 말이다. 그리고 새 직장에서 행복감을 느끼며 자신의 영향력을 발휘하고 있다고 말이다.

: 닮지 않은 아버지와 아들

존중과 수용 요소의 점수가 서로 상반된 두 사람이 함께 일해야 한다면 어떨까. 이 두 사람은 각자의 유형을 서로 잘 보완해줄 수 있다. 하지만 서로 얼마나 다른지 이해하지 못하고 상대에게 어떻게 접근해야 하는지 알지 못한다면 상황이 복잡해진다. 여기에 세대 차이까지 더해지면 상황은 더 복잡해진다. 컨설턴트 다나 스캔넬은 같이 사업을 하는 한 아버지와 아들의 부탁을 받아 버크만 진단을 실시했다. 그 결과 존중과 수용 요소에서 그들의 점수는 서로 정반대였다.

캘리포니아에 소재한 그 사업체는 가족이 성공적으로 운영해온 부동산 회사였다. 회사 사장인 아버지는 법적 상속인인 아들의 도움이 필요했다. 아들은 자신이 아버지를 닮았다고 생각했다. 하지만 아버지는 두 사람이 완전히 다르다는 사실을 알았다.

두 사람의 컬러 특성도 서로 완벽히 달랐다. 이 부분은 그들에게 이점으로 작용하지 못했다. "그 아버지는 아주 강한 그린 유형으로 에스키모인에게 얼음이라도 팔 수 있는 분이었어요"라고 다니는 말했다. 그는 자수성가했고 보수적이며, 사람들이 모여 있는 방에 들어가서 농담으로(가끔은 야한 농담으로) 모두를 웃길 수 있는 사람이었다. 아들은 블루 유형으로 예술 감각이 있고 세심하며 온화했다. 그래서 아버지가 속사포처럼 내뱉는 말에 당황하는 때가 많았다. "안타깝게도 아들은 아버지가 원하는 유형과도, 아버지 자체와도 정반대되는 인물이었어요."

이 부자는 존중 요소에서 평소 스타일 점수와 욕구 점수가 비슷했다. 그래서 사람을 일대일로 대해야 하는 상황에서 일 처리를 잘했다. 수용 요소에서 두 사람 모두 평소 스타일 점수가 높아 사람들과 원만하게 지냈다. 하지만 수용 요소에서 욕구 점수가 서로 완전히 달라서 의사결정을 내릴 때 충돌했다. 욕구 점수가 높은 아들은 자신과 관련된 모든 의사결정에 모든 사람의 합의가 바탕이 되어야 한다고 생각했다. 반면 그 점수가 낮은 아버지는 아들이 스스로 결정도 못 내리는 것 같아 짜증스럽게 생각했다. 그 결과 두 사람 사이에 불만이 커졌다.

버크만 진단으로 두 사람의 내적 욕구가 서로 다르다는 점이 밝혀지면서 무엇이 문제였는지 명확히 드러났다. 이 부자는 서로의 차이점을 이해하면서 일에 영향을 주었던 오해를 피하고 각자의 유형을 활용할 수 있게 되었다. 각자의 차이점을 이해하고 인정하는 법을 배우면서 사무실에서 쓰는 말투도 바꾸었다. 그리고 더 중요한 사실은 부자 관계가 좋아졌다는 점이다. 결국 그 아버지는 버크만 진단을 열성적으로 신뢰하게 되어 모든 직원과 채용 지원자들에게 진단을 받도록 했다.

: 인식의 차이

한 다국적 대기업의 중역들은 사교성 점수가(수용 요소 점수) 전반적으로 낮았다. 직원들은 이 중역들의 행동을 퉁명스럽고 냉정하다고 느껴서 이들에게 거리감을 느꼈다. 직원들은 '중역들이 우리를 좋아하지 않는다'라고 생각하여 그들과 대면하는 일을 피했다. 그 결과 배척하는 분위기가 형성되었다고 매사추세츠 주 케임브리지의 컨설턴트 필리프 장찬은 설명했다. 이 컨설턴트는 중역들의 사적인 감정이 문제가 아니라는 점을 직원들이 이해하게 도와주었다. 중역들은 직원들에게 혹은 그들의 성과에 불만을 느낀 것이 아니었다. 문제는 인식의 차이에서 비롯된 것이었다.

사람들은 감정이 행동에 영향을 미친다고 무조건적으로 생각하는 경향이 있다. 하지만 행동의 이면에는 감정 외에도 관점이나 인식, 가치관 등 수많은 요소들이 숨어 있다. 버크만 진단은 이들 중 어떤 것이 그의 행동에 영향을 주었는지 찾는 도구다.

: 혼자만의 시간

플로리다 주 올랜도에 사는 랜디 그레고리는 수용 요소에서 자신의 두 점수 간 차이를 메우는 방법을 배웠다. 평소 스타일 점수가 99로 아주 높은 반면 욕구 점수는 11로 아주 낮았다. 이는 랜디가 집단 내에서 사교적이고 행복해 보이지만 재충전할 혼자만의 시간이 많이 필요하다는 의미였다. 그녀는 이렇게 말했다.

"저는 겉으론 외향적이고 아주 사교적인 사람입니다. 어떤 장소에서 잘 모르는 사람을 발견하면 그 사람과 친해지려 노력을 하죠. 하지만 실제로 전 아주 내향적인 사람입니다."

랜디는 예전에 동아시아에서 영어 교육 워크숍을 진행하는 일을 했다. 그때 자기만의 시간만큼은 무슨 일이 있어도 확보했다. 그녀는 이렇게 회상했다.

"팀원들을 가르치고 이끌면서 하루 종일 상대할 수 있으려면 저녁에는 일에서 벗어나 마음을 가다듬고 다시 힘을 낼 시간이 필요했어요. 항상 그게 저한테 맞는 방식이라고 생각했는데 버크만 진단을 받고 나니 그 이유를 알겠더라고요."

다른 사람들이 랜디를 이해하지 못하는 때도 많았다. 랜디의 동료들은 저녁에 일이 끝나면 게임 등을 하면서 서로 어울렸다. 반면 랜디는 집에 가야 한다고 말했다. 동료들은 항상 어리둥절한 표정으로 "왜 가는데?"라고 물었다. 집에서도 마찬가지였다. 한번은 랜디의 남편이 출장을 갈 준비를 하고 사무실로 나갔다.

그런데 막판에 출장이 취소되었다며 집으로 돌아왔다. 그녀가 실망감을 감추지 못하며 혼자만의 시간을 누리는 중이었다고 하자 남편이 "난 사무실에 갈 테니 집에서 당신만의 시간을 누려"라고 말했다.

랜디는 "남편은 제 진단 점수를 알았기 때문에 기분 나쁘게 받아들이지 않았어요"라고 웃으며 말했다.

수용 요소에서 평소 스타일 점수가 높고 욕구 점수가 낮을 때는 상황이 복잡해지기도 한다. 이러한 유형 가운데 대부분의 사람들이 파티에 초대되기를 바라며(실제로 가지 않는 쪽을 선택하더라도 말이다) 외향적이라는 사람들의 평판을 잃지 않으려고 가끔 자신을 심하게 몰아붙이기 때문이다.

버크만 진단을 받은 한 남성은 자신이 직장에서 굉장히 사교적이기 때문에 동료들이 퇴근 후 어디 가자는 말을 끊임없이 했다고 말했다. 그는 그러겠다고 해놓고선 나타나지 않을 때가 많았다. 펜실베이니아 주에서 컨설턴트로 일하는 제니스는 이렇게 말했다.

"그 남성분은 실제로 초대를 받기 원했어요. 하지만 저녁 무렵이 되면 혼자만의 시간을 원했지요. 그분 동료들은 버크만 진단 결과를 보면서 그분이 위선적이거나 까다로운 사람도 아니고 자신들에게 화가 난 것도 아니라는 점을 알게 되었어요. 그건 그저 그분의 특성이었던 거죠."

커플 상담

직장 내에서 인간관계를 형성하는 방식과 직장 밖에서 인간관계를 맺는 방식은 상당히 유사하다. 사람은 타인과의 관계 맺기에서 비슷한 방식을 반복하는 경향이 있기 때문이다. 버크만 진단을 받은 사람이 배우자나 다른 가족의 진단을 신청하는 일은 흔하다. 마찬가지로 결혼 상담사에서 인생 상담사에 이르는 다양한 상담사들이 버크만 진단 같은 접근법들을 이용한다. 그들은 이러한 접근법들이 개인들의 갈등을 진단하고 이해하는 데 유용하다고 생각한다. 이러한 것이 없었다면 사람들은 자신의 문제를 스스로 진단해야 했을 것이다.

로저 버크만은 1960년대에 휴스턴 제일 감리 교회에서 '발견을 위한 모임'으로 이름 붙인 소규모 모임을 만들어 강좌를 열었다. 그 이후 버크만 진단은 커플 상담에 활용됐다. 휴스턴에서 컨설턴트로 일하는 밥 볼링은 이렇게 말했다.

"이미 많은 문제가 있는 부부에게는 버크만 진단을 권하지 않습니다. 하지만 연애 중이거나 약혼했거나 결혼한 두 사람이 앞으로 발생 가능한 문제를 예상하여 결혼생활을 더 잘하게 돕는 데는 이 진단을 이용합니다."

밥은 2007년에 휴스턴에 있는 채플우드 연합 감리 교회에서 커플 상담을 시작했다. 교회 측에서 밥이 신도들에게 상담하는 것을 허락하면서 시작된 일이었다. 목사님이 공고를 하자 커플 40쌍 정도가 상담 신청을 했다. 밥은 결혼한 지 5년에서 10년 된 부부에게 버크만 진단이 가장 효과적이라고 믿는다. 밥의 말에 따르면 그 이후는 양육이 중요해지고 회사에서 업무에 가속도가 붙는 시기이기 때문에 결혼생활에 신경 쓸 시간이 턱없이 부족하게 된다. 이는 결혼생활에서 발생하는 문제를 개선하기 위해 애쓸 여지가 거의 없다는 의미이기도 하다.

밥은 그러한 상담에서 대개 존중 요소가 중요하게 작용한다는 사실을 발견했다. 만일 두 사람 모두 존중 요소에서 평소 스타일 점수가 낮고 욕구 점수가 높다고 해보자. 그렇다면 이 부부는 대화할 때 매우 직설적이지만 상대방이 좀 더 다정하게 대해주기를 바랄 가능성이 높다. 버크만 진단에서 남녀 성性에 따른 특성이 정의되는 것은 아니다. 하지만 버크만 진단을 받은 남성들은 대개 앞서 언급한 존중 요소 점수에 대한 설명을 들으면 몹시 만족한다. 밥은 이런 말을 했다.

"만일 남편이 "그 드레스 별론데"라고 말했을 때 아내가 "상관 없어요"라고 말한다고 해보죠. 둘 중 누가 더 상처를 받을까요?"

캐릴 화이트는 남자친구 찰스와 함께 커플 상담을 받았다. 두 사람 모두 예전에 결혼한 적이 있었다. 두 사람은 서로의 관계를 성공적으로 끌어가기 위해 무엇을 배워야 하는지 알아보려고 밥을 찾아갔다. 캐릴은 직장에서 이미 버크만 진단을 두 번 받아봤지만 보고서의 진가를 아직 알아보지 못했다. 그러다 밥과 6주

동안 커플 상담을 받으면서 그 진가를 인정하게 되었다. 캐릴은
이런 말을 했다.

"우리에겐 기막히게 좋은 상담이었어요. 그 과정에서 우리 관계
가 엄청 좋아졌거든요. 상담 받고 얼마 후에 결혼도 했어요. 서로
의 진단 결과가 도표로 정리된 것을 보니 서로 특성이 다른 것이
아무렇지도 않게 여겨졌어요."

이 두 사람의 사교성 점수를 보면 캐릴이 외향적인 반면 찰스
는 내향적이라는 사실을 확실히 알게 된다. 존중 요소에서 캐릴
의 평소 스타일 점수는 6이고 욕구 점수도 6이다. 반면 찰스의 평
소 스타일 점수는 21이고 욕구는 94다. 수용 요소의 점수 역시
서로 정반대다. 캐릴은 평소 스타일 점수가 98, 욕구 점수가 92인
반면 찰스는 평소 스타일 점수가 17, 욕구 점수도 17이다.

캐릴은 수용 요소의 점수가 아주 높은 것을 보며 자신이 사람
들과 어울리지 못하면 스트레스 반응을 하고 아주 예민해진다는
사실을 알게 되었다. 캐릴은 웃으며 이렇게 말했다.

"스트레스 반응을 하는 저 자신에게 '캐릴 앤'이라는 별명도 붙
였어요. 예전에 엄마가 저한테 무척 화났을 때 저를 그렇게 불렀
거든요."

캐릴과 찰스는 스트레스를 피하기 위해 주말에 사람들과 함께
하는 재미있는 이벤트를 계획하자는 데 동의했다. 캐릴은 그렇게
하지 못한 때는 주중에 사람들과 어울리는 시간을 보냈다. 찰스
는 모임 일정이 너무 빡빡하다 싶으면 아내에게 말했다.

"저는 남편이 혼자 있고 싶어 하는 시간을 존중해요. 그렇게 해야 남편이 다시 활기를 얻는다는 사실을 너무 잘 아니까요." 아내 캐럴의 말이다.

다시 시작

밥은 오래된 부부가 막 결혼했을 때처럼 다시 시작하는 데 버크만 진단이 도움이 된다고 말한다. 에드워드와 수잔 데이비스는 장성한 자녀들을 둔 결혼 37년차 부부로 밥의 상담에 참여했다. 밥은 두 사람을 처음 보았을 때 서로 '극과 극'이라는 인상을 받았다. 아내는 너무 외향적인데 반해 남편은 너무 내향적으로 보였기 때문이다. 하지만 버크만 진단 결과 두 사람은 아주 비슷한 유형으로 나왔다.

두 사람 모두 흥미 분야에서 야외 활동 점수가 높게 나왔다. 놀랄 만한 결과는 아니었다. 하지만 이 결과는 그들이 재충전하고 심신을 회복할 방법을 찾는 데 아주 중요한 단서가 되었다. 마침 이 부부는 두 번째 집의 구매를 고려하는 중이었다. 수잔은 "진단을 통해 강에 둘러싸여 있고 손주들 있는 곳과 가까운 집을 사야겠다는 확신을 얻었어요"라고 말했다.

대부분의 부부들은 배우자가 좋아하는 것과 싫어하는 것을 알게 되면 놀라워한다. 밥은 이렇게 설명했다.

"누구나 수 년 동안 함께 살면 배우자의 흥미 분야를 알게 될 거라 생각하죠. 저는 부부들에게 버크만 진단 목록에 나오는 흥미 분야에서 배우자의 점수가 가장 높을 것 같은 분야 두 개와 가장 낮을 것 같은 분야 두 개를 추측해보라고 합니다. 수백 명의 부부 가운데 정확하게 맞힌 사람은 한 손에 꼽을 정도예요."

수치와 사무 분야에 흥미 점수가 높은 배우자가 돈 관리를 할 것 같지만 보통은 그렇지 않다. 밥은 "돈 관리를 남편이 할 건지 아내가 할 건지 결정할 때 각자의 업무 일정 같은 걸 기준으로 정하는 부부를 자주 봐요"라고 말했다. 그러더니 안타까운 표정으로 "돈 관리에 잘 안 맞는 사람이 그 일을 맡으면 결혼생활에서 항상 스트레스를 받게 돼요"라고 덧붙였다.

행복한 시기

밥과 칼린 우즈도 결혼 37년차 부부로 밥의 상담에 참여했다. 이 부부는 상담을 받는 것은 결혼생활에 문제가 있기 때문이라는 '부정적 인식을 없애기 위해' 상담에 참여했다고 말했다. 칼린은 이런 말을 했다.

"사람들은 가족이나 직업에 대해서는 배우지만 결혼생활에 대해서는 배우지 않는 경향이 있어요. 지금 우린 은퇴한 상태예요. 우린 예전에 이런 생각을 했어요. 만일 이 다음에 은퇴를 했을 때 그 이후의 시기를 어떻게 보낼지 계획하지 않으면 행복한 시기로 만들 수 없다고 말이에요."

이 부부는 여러 차례의 상담이 상대방을 더 존중하고 서로의 바람도 이해하는 데 도움이 되었다고 입을 모았다. 컨설턴트 밥은 부부가 깨달을 수 있는 가장 귀중한 교훈은 다음과 같은 단순한 진리라고 말했다. 즉 배우자가 자신과 많은 점에서 다르지만 서로 이해한다면 그 다른 점이 결코 문제가 되지 않는다는 것이다.

중요한 것은 생각이다

론 베이커는 서부 온타리오 지구에 있는 캐나다 오순절 교단 Pentecostal Assemblies of Canada에 소속된 버크만 상임 컨설턴트다. 그는 부부가 결혼생활을 아무리 오래 했어도 배우자의 평소 스타일 이면에 담긴 동기를 오해하는 경우가 흔하다는 점을 발견했다. 그는 웃음을 지으며 이렇게 말했다.

"20년 동안 같이 살고난 후에야 서로에 대해 알고 싶다는 생각을 한 부부도 보았어요. 제가 진단 결과를 90분 동안 설명했어요. 그러자 아내분이 남편분에게 "지난 17년 동안 당신을 변변치 못한 사람으로 생각했어. 그런데 이제 그런 게 다 당신의 특성이라는 걸 알게 되었어!"라고 말하더라고요."

론 베이커는 상대방의 특성을 이해하면 나와의 차이점을 인정하게 되고 심지어 상대방의 우스꽝스러운 면도 기분 좋게 받아들이게 된다고 말했다.

제6장

체계적으로 일하는가,
자유롭게 일하는가?

별난 한 쌍은 문화계에서 자주 다루는 진부한 소재다. 가령, 한쪽은 꼼꼼하고 체계적인 반면 다른 쪽은 어수선한 정도는 아니지만 자유분방하고 좀 더 융통성 있게 구는 한 쌍을 떠올릴 수 있다. 직장에서 이 두 유형의 차이는 상당히 커 보인다. 상상해보라. 한 직원은 절차를 엄격히 따르고 목표 달성에 필요한 각 단계를 평가하여 목록으로 만든다. 반면 한 직원은 마감 기한 즈음에 바싹 긴장하여 전력 질주하며 일하기를 좋아한다.

두 방식 가운데 뭐가 더 좋다고 말할 수 있을까? 목표 지점을 향해 질서정연하게 가면 반드시 상세하고 정확한 결과물을 얻는 걸까? 아니면 일을 빠르게 처리해야 초점을 더 잘 맞추고 낭비 요소를 없앨 수 있는 걸까? 항상 그렇듯 버크만 프로젝트에서는 사람들의 선호는 각기 다 가치가 있다고 본다. 이는 '체계'라는 요소의 스펙트럼에서 당신이 어디에 위치하든지 가치가 있다는 말이다.

체계 요소의 점수가 높은 사람은 차분하고 정연한 업무 환경을 조성한다. 이 관계 요소는 한때 '완고함'으로 불렸다. 이 특성의 점수가 높은 사람은 시스템과 절차를 따르는 것에 완고하기 때문이다. 이러한 유형의 직원들은 "전 계획적인 사람이라 이 일을 제 방식대로 할게요"라고 말하는 경향이 있다. 그들은 흔히 혼란한 상황에서 질서를 만들어 칭찬을 받는다.

하지만 그들이 체계 그 자체가 좋아서 체계를 선호한다거나 타인이 고안한 체계를 기꺼이 수용한다고 생각하면 안 된다. 체계적 성향이 강한 직원들은 이미 정해져 있는 체계를 따르도록 강요받기보다는 자신만의 시스템에 따라 일하기를 더 좋아한다. 그들은 계획을 세우고 그 계획을 일관되고 질서 있게 따르는 일을 아주 잘한다. 그렇기 때문에 체계 성향이 강하다는 것은 실행력이 있다는 의미다. 이는 권위를 발산하는 또 다른 방법이기도 하다. 당신이 경비 보고서를 관리팀에 제출해야 하는데 시간이 부족해서 늦게 제출했다고 해보자. 그것에 불평하는 완고한 회계 담당자는 바로 체계 성향이 강한 사람이다.

버크만 프로젝트에서는 체계 요소 스펙트럼의 어느 끝에 위치하든 나름의 가치가 있다고 본다. 이는 11가지 관계 요소에 모두 해당된다. 각 요소에는 나름의 장점, 욕구, 스트레스 요인이 내재한다. 이 세 가지는 당신의 점수가 무엇이냐에 따라 다르게 나타난다. 체계성이 낮아도, 체계성이 높아도 다 나름의 장점이 있는 것이다.

체계성이 낮은 사람들은 융통성 있고 자발적이며 일을 즉흥적으로 처리하고 방향을 재빨리 바꾸는 능력이 있다. 그들은 일하는 방식에 자유와 탄력성이 주어지면 창의력을 발휘하고 최고의 성과를 내는 때가 많다. 고위 관리자들 가운데 체계성이 낮은 사람이 많다. 그들에게는 질서정연하고 시스템을 유지하며 업무를 완성하는 데 도움을 줄 체계성이 높은 직원들이 필요하다.

체계를 좋아하지 않는다고 해서 무질서하다는 뜻은 아니다. 그런 사람들은 질서정연함에 대해 자신만의 개념을 지니고 있을 수도 있다. 다만 그들은 경직된 환경에서 최선을 다하지 못하는 것이고, 그러한 환경을 원치 않는 것이다. 그들은 또한 규칙이란 깨지기 위해 존재한다는 생각을 하는 유형이다.

건강한 조직은 체계성에서 두 유형의 직원들을 어우르기 위해 융통성과 정해진 절차 사이에 균형을 유지한다. 그리하여 안전하다는 느낌을 줄 정도로 조직화되어 있으면서도 개인이 생산성을 발휘하는 나름의 방식을 억누르지 않는 분위기가 형성된다. 경영진은 회사나 조직을 직원들의 다양한 재능을 수용하는 곳으로 만들어야 한다. 직업과 산업 전반이 중대한 변화의 시기를 거치고 있는 지금, 이 점은 특히 중요하다.

: 옆으로 물러서야 할 때

솔트레이크시티에 있는 한 대학 보건소의 고위 관리자는 체계적 성향이 강했다. 그 여성은 이러한 성향을 완화하는 법을 배워 직원들의 업무 방식을 존중해줄 필요가 있었다. 유타 주에서 일하는 컨설턴트 패트리샤 A. 러셀이 코칭한 이 고위 관리자는 세부 요소에 꼼꼼하게 신경을 쓰는 유형이었다. 그리고 이렇게 세심한 업무 방식으로 말미암아 의료계에서 단단한 입지도 쌓았다. 그렇게 승진을 거듭하여 성실하고 섬세한 리더로 인정받았다. 그녀는 자신과 팀이 달성해야 할 아주 높은 목표를 설정했다. 그리고 할 일 목록을 만들어 철저하게 구두 지시를 하는 등 팀원들을 세세하게 조직화했다. 그녀는 자기가 그들이 목표를 달성하도록 돕고 있다고 생각했다.

그 여성은 직원들이 진취적이지 못하고 창의성을 보이지 못할 때 항상 좌절감을 느꼈다. 하지만 직원들은 사소한 부분까지 통제받는다는 기분이 들었고, 창의성을 조금이라도 발휘하려고 하면 이런저런 지시 때문에 접어두어야 한다고 느꼈다. 그들은 자신들이 느낀 감정은 '좌절감'이었다고 말했다. 자기만의 문제 해결책을 찾거나 정해진 목표를 이룰 획기적 방법을 발견하는 데 필요한 자유나 격려를 얻지 못했다. 모두 자신이 한 개인으로서 인정받거나 존중받지 못한다고 느꼈다. 그들은 각자 능력이 있음에도 왜 목표에 도달하지 못하는지 이해할 수 없었다. 일을 더 열심히 해보았지만 상황은 나아지지 않았다.

패트리샤는 그 관리자와 팀원들에게 체계라는 관계 요소의 역학 관계를 설명해주었다. 그들에게 이 설명은 계시와도 같았다. 그 관리자는 체계 요소에서 평소 스타일 점수가 높고 욕구 점수는 더 높았다. 그 점수를 보고 자신의 의도가 아무리 좋았어도 세세한 부분까지 심하게 간섭했기 때문에 직원들이 억눌렸다는 사실을 이해했다. 이러한 깨달음으로 말미암아 직원들에게 각자 최선을 다하는 데 필요한 자유를 주기 시작했다.

그녀는 여전히 직원들이 달성해야 할 목표를 설정한다. 하지만 목표를 이루는 방법을 지시해주는 일은 이제 하지 않는다. 자신이 쥐고 있던 고삐를 좀 느슨하게 하고 팀원들의 창조적 에너지를 믿기 시작하자 팀에 활기가 돌았다. 팀원들은 목표를 이루기 위해 각자 독창적인 생각을 내면서 협력했다. 업무 분위기가 아주 극적으로 향상되었고 이는 곧 성과에 영향을 주었다. 그 관리자는 7개월 사이에 조직의 수익률이 6퍼센트 향상되었고, 직원 만족도도 평균 5퍼센트 올랐다고 패트리샤에게 전했다. 이는 체계 요소의 스펙트럼에서 양극단 모두에 나름의 강점이 있음을 보여주는 사례다.

: 디테일하게, 더 디테일하게

미시시피 주 옥스퍼드에서 버크만 컨설턴트로 일하는 밥 브루어
는 체계와 관련한 문제로 한 최고경영자와 상담했다. 체계 요소
에서 그 경영자의 욕구 점수와 평소 스타일 점수 결과는 좀 이례
적이었다. 이른바 서로 뒤바뀐 양상을 띠었다. 그 경영자의 버크
만 보고서에는 그가 세부 사항에 생각을 아주 많이 하면서도 생
각한 만큼 전달하지 못하는 경향이 있음이 나타났다. 그는 직원
들이 어떻게 해주길 바라는지 스스로 정확하게 알았고, 항상 자
신의 생각을 직원들에게 제대로 전달한다고 생각했다. 하지만 실
제로는 생각을 너무 많이 하면서도 막상 그것을 전달할 때는 대
충 말해버리곤 했다. 상대방 입장에서 전달사항이 너무 많다고
여길 거라 짐작했기 때문이다.

나중에 그 경영자가 "이것을 어떻게 하라고 말해줬을 텐데요"
라고 말하면 직원들은 "아뇨, 그런 소리 못 들었는데요"라고 대
답하는 경우가 많았다.

밥은 "그분은 자신이 요구했던 것과 다른 결과물을 직원들이
가지고 오면 늘 어이없어했어요"라고 말했다. 밥은 명확하고 완
전한 의사전달을 위해 간단한 피드백 방식을 제안했다. 그러자
상황이 곧바로 좋아졌다. 그 경영자는 직원이 자신의 사무실을
나가기 전에 "제가 방금 어떻게 하라고 했죠?"라는 한 가지 질문
을 던졌다. 그러면 직원은 해야 할 업무에 대해 자신이 이해한 내

용을 말해주었다. 그들은 혹시 오해한 부분이 있으면 그 자리에서 서로 고쳐주었다. 밥은 이런 말을 했다.

"일단 무엇이 문제인지 알게 되니까 그걸 해결할 방법을 배우는 데 5분밖에 걸리지 않았어요. 그러자 서로의 관계에 상당한 평화가 찾아들었고, 서로 더 효율적으로 일할 수 있게 되었어요."

: 어쩔 수 없는 타협

부부들의 경우에는 체계 요소 점수가 서로 상반되는 경우가 흔하다. 휴스턴의 컨설턴트 밥 볼링은 이런 말을 했다.

"제가 볼 때 체계 점수가 낮은 사람이 체계 점수가 높은 사람과 결혼하는 비율이 70퍼센트는 되는 듯합니다. 아마 자신에게 없는 상대방의 특성에 끌려서 그런 것 같아요."

밥 볼링은 아내와 성향이 달라서 생길 만한 문제를 한 가지 부분에 서로 동의함으로써 해결했다. 그러니까, 집에서 이른바 사람들에게 노출되는 공간은 모두 체계 성향이 높은 아내의 취향대로 꾸미기로 한 것이다. 반면 밥의 작업실은 그에게 성역과 같아서 그가 원하는 대로 꾸몄다. 밥은 "아내는 사람들이 오면 제 작업실 문을 닫아버려요"라고 말했다.

직장에서 체계 유형이 서로 달라 문제가 발생할 때 그 원인은 쉽게 파악되지 않는다. 중요한 점은 체계 요소의 점수 자체가 아니라 이 점수를 통해 서로 다른 사람들이 어떻게 상호작용하는 가이다.

애틀랜타의 컨설턴트 스티브 콘월은 섀넌 울라드가 주식회사 서밋 매니지먼트Summit Management에 관리자로 채용되었을 때 그녀를 상담했다. 이곳은 미국 남동부에 있는 여러 호텔들을 소유한 곳이자 그 호텔들을 관리하는 회사다. 영업팀 책임자로 부임된 섀넌은 처음부터 이 팀이 최고의 실적을 내기를 바랐다.

하지만 팀원 여섯 명 가운데 한 명은 절차를 따르고 싶어 하지 않는 듯했다. 그 여성은 자신의 일을 다 하기는 했지만 모든 직원에게 할당된 문서 업무를 성실하게 하지 않았다. 그녀가 절차를 제대로 따르지 않는 바람에 팀 전반의 업무 과정에 방해가 되었다. 그러면서 동료들 사이에 이 여성의 평판이 나빠지기 시작했다. 하지만 팀원들은 버크만 진단을 받은 후에 팀에서 유일하게 그 여성의 체계 요소 점수가 낮다는 사실을 알게 되었다. 스티브는 이런 말을 했다.

"모든 팀원은 그 여성이 협력 작업을 잘 못한다고 생각했지만 사실 그 여성은 다른 방식으로 일해야 하는 유형이었어요. 그 여성은 다른 팀원들이 자신의 특성을 이해하자 상당히 안도했어요. 이후에 팀원들은 그 여성을 다른 시각으로 보았지요."

섀넌은 이런 말을 했다.

"버크만 진단을 통해 팀원 전체가 서로를 깊이 이해하게 되었어요. 물론 여전히 갈등은 발생해요. 그런데 긍정적인 행동을 강화할 수도 있고 잘못된 행동에 초점을 맞출 수도 있는 상황에서 버크만 진단 덕분에 더 빠른 해결 방안을 찾는 안목이 생겼어요."

스티브는 한 신임 경영자에게도 체계 요소와 관련하여 도움을 주었다. 조나단 쿠퍼스미스는 비투티 트레이닝(B2T Training, 기업들의 경영 분석 훈련과 리더십 교육을 전문으로 하는 회사—옮긴이)의 경영자로 승진했을 때 스티브가 여는 코칭 모임에 한 달에 한 번씩 참석하기로 했다. 조나단은 새로운 경영자로서 조금의 실수도 저지르고 싶지 않았다. 스티브는 그러한 부분에 도움을 주기에 앞서 조나단을 어떻게 코칭하는 것이 가장 좋은 방법인지 파악해야 했다.

우선 조나단의 체계 요소 점수가 매우 낮았기에 부담스럽지 않게 접근해야 한다는 점을 알았다. 스티븐은 평소에 할 일 목록을 만들어 일하는 유형이었다. 하지만 코칭을 끝낸 후에 조나단에게 할 일 목록을 과제로 주는 일은 특히 피해야겠다고 판단했다. 스티브는 "전 체계 점수가 굉장히 높은 사람이라 제가 원하는 대로 코칭했다면 그분은 엄청난 부담을 느꼈을 겁니다"라고 말했다.

스티븐은 코칭 모임을 자유로운 분위기로 이끌었다. 조나단이 다음 모임 전까지 달성하고 싶은 목표를 스티브에게 말하는 것으로 매번 모임이 끝났다.

"그런 식으로 그분에게 임무와 체계를 부여하지 않았어요. 만일 그랬다면 그분은 스트레스를 받았을 거고 그로 말미암아 코칭이 실패로 끝났을지도 모릅니다." 스티브가 한 말이다.

스티브는 조나단이 그의 강점과 업무가 조화를 이루도록 도움을 주었다. 조나단의 체계적 성향이 낮기 때문에 행정적으로 보조해줄 직원들이 필요하다는 점은 분명했다. 바로 그의 구상을 수행하고 업무 일과에 체계를 잡아줄 인력을 충원했다. 스티브는 이렇게 말했다.

"그분이 또 바란 부분은 직원들이 회사에 필요할 것으로 생각되는 일보다는 자신의 강점에 맞는 일을 해주는 거였어요. 이것은 회사의 목표뿐만 아니라 개인의 목표에 성공적으로 도달하는 데 필요한 것을 파악해야 한다는 의미였어요."

체계적 성향이 낮은 사람들은 성공에 이르는 자신만의 길을 찾는 것 같다. 그 방식이 아무리 비난을 받더라도 말이다. 그들의 방식은 다른 이들과 다르기 때문에 흔히 비난의 표적이 되곤 한다. 켄터키 주 루이빌 출신인 로버트 허드슨은 뉴욕과 마이애미에서 버거킹 지역 관리자로, 필라델피아에서 펩시콜라 지역 관리자로 20년 동안 일하며 성공을 거두었다. 로버트는 이런 말을 했다.

"전 항상 직장에서 대부분의 직원들과 다른 방식으로 일한다고 느꼈어요. 특히 절차를 무시하고 직접적인 의사소통 방식을 피하는 성향 때문에 더 그렇게 느꼈지요. 결과가 좋게 나타나도 직원들은 저를 좀 삐딱한 사람으로 보았어요. 경영층 중 일부는 조경이나 리모델링부터 색다른 홍보에 이르기까지, 제가 프랜차이즈 음식점을 확장하는 데 지원하는 것을 싫어했어요."

로버트는 누군가의 권유로 버크만 진단을 받았다. 진단을 받고서야 자신의 업무 성향이 왜 동료들의 업무 성향과 충돌했는지 이해했다. 진단 결과 체계 요소에서 평소 스타일 점수는 16, 욕구 점수는 29로 나왔다. 로버트는 이렇게 말했다.

"저 같은 사람은 조직에 자신을 맞추기가 쉽지 않아요. 전 규율에 대한 제 무관심과 회사를 위해 좋은 결과를 내고 싶고 획기적 방안을 찾고 싶은 바람 사이에 균형을 맞추기가 어렵다는 걸 알았어요."

로버트는 결국 음식업계에서 나와 자기 사업을 시작했다. 지금은 엠엔에이치 마케팅M&H Marketing이라는 회사를 운영하고 있다. 그곳은 병원의 수익을 올리는 데 도움을 주는 컨설팅 회사다. 로버트는 이렇게 말했다.

"이젠 스케줄을 상황에 따라 융통성 있게 조절할 수 있어요. 저 대신 세부적인 업무를 할 꼼꼼한 직원들을 두었기 때문에 저는 새로운 생각과 방식을 찾아내는 데 집중하면 됩니다. 저는 지휘 계통 영역 밖에서 일하는 게 좋습니다."

: 생각 메뉴

체계는 팀이 운영되는 방식에 큰 영향을 준다. 또한 체계가 있으면 성공에 이르는 길이 명확해질 수 있다. 애틀랜타의 컨설턴트 윌슨 웡은 한 미디어 기업에서 성과가 저조한 팀을 도와달라는 부탁을 받았던 때를 떠올렸다. 윌슨은 그 팀원 열두 명에게 버크만 진단을 받게 했다. 체계 요소에서 욕구 점수가 각각 다르게 나타났는데 이 부분을 문제의 원인으로 보았다.

체계 요소에서 평소 스타일 점수가 낮은 직원들은 계속 바쁘게 일을 했지만 팀 관리자에게 어떤 지시도 받지 않았다. 그 관리자 역시 이 부분의 점수가 낮게 나왔다. 윌슨은 이런 말을 했다.

"모두 각자의 일을 했지만 제대로 완성되는 일은 없었지요. 그 팀에는 하나의 그룹으로서 갖춰야 할 일상적인 체계가 없었어요. 게다가 팀원들은 활동과 변화 요소에서 점수가 높은 사람들이었어요. 그래서 어떤 일을 앞뒤 재보지도 않고 곧장 시작해 에너지를 막 쏟다가 방향을 바꾸는 때가 많았어요."

윌슨은 관리자의 권위 요소 특징을 보면 그가 어떤 유형의 상사인지 알 수 있다면서 이렇게 말했다.

"그분은 "나한테 바위를 가져와 봐. 어떤 바위든 좋아. 아니, 그런 바위 말고. 아니, 그런 거 말고. 나도 내가 어떤 바위를 원하는지 모르겠는데 눈으로 직접 보면 알 것 같아" 뭐, 이런 식으로 말하는 유형이었어요."

윌슨은 이 팀이 제대로 기능하지 않는 이유를 팀원들에게 정확히 알려주려고 그들을 이른바 '생각 메뉴food for thought' 활동에 참여시켰다. 이것은 팀원들이 다양한 요리로 구성된 한 끼 식사를 함께 준비하고, 컨설턴트는 그들이 그 동안 어떻게 행동하는지 관찰하는 활동이다. 윌슨은 열두 명에게 네 가지 종류의 메뉴를 주고 마감 시간을 알려주었다. 그리고 가만히 앉아 그들을 관찰했다. 예상했던 대로 그들은 모여서 논의를 거의 하지 않은 채 각자 다른 방향으로 흩어졌다. 팀 관리자가 유일하게 계획한 부분은 테이블 세팅뿐이었다. 팀원들은 마감 시간이 가까워지자 빠른 방법을 선택했다. 요리를 끝내야 할 시간이 되자 다른 음식이 준비가 안 된 상태에서 우선 한 음식을 식탁에 올려놓았다. 그 음식은 다른 음식들이 식탁에 차려졌을 때 이미 식은 상태였다.

윌슨은 "제가 그런 상황을 미리 경고했는데도 결국 그렇게 되었어요. 그건 제가 먹어본 최악의 요리였어요."

나중에 그들은 팀원들의 체계 요소 점수가 어떻게 문제의 원인으로 작용했는지 대화를 나누었다. 윌슨은 특히 팀 관리자가 다양한 발상을 하지만, 팀에 질서가 없고 서로 의견을 제시하지 않으며 협동도 하지 않는다는 점을 강조했다. 그 결과 하는 일들이 겹치고 틈이 많이 생긴다고 알려주었다.

1년 후 윌슨은 그 팀과 함께 팀 구축을 위한 코칭 모임을 다시 열었다. 그리고선 팀원들에게 예전보다 더 어려운 요리를 주문했다. 이번에는 팀원들이 먼저 대화를 나누며 계획을 세운 후에 요리를 시작했다. 팀 관리자는 클립보드에 마감 시간과 각 팀원에게 할당된 일을 적었다. 일은 속도감 있게 진행되었고, 관리자는 한 손에 클립보드를 들고 요리 과정의 각 단계를 관리했다. 윌슨은 그렇게 만들어진 요리는 맛있었다고 말했다. 그 팀의 문화는 완전히 바뀌어서 2년 후 다시 확인했을 때도 팀이 여전히 잘 운영되고 있었다고 한다. 그 사이 직원이 몇 명 바뀌었는데도 말이다.

회사의 변화

변화를 이끌다

은퇴를 앞둔 부부인 톰과 캐롤린 포터는 자신들이 운영하는 일류 예술품 경매회사에 젊은 부부인 리차드 제프와 아멜리아 제퍼스를 영입했다. 그때 그들은 세대 차이 때문에 업무를 승계하는 작업이 정체된다고 느꼈다.

경매회사 가스 옥션Garth's Auctions의 원 소유주는 1967년에 포터 부부를 영입했다. 그 회사는 13년 동안 골동품 경매를 전문으로 했는데, 이제 다음 단계로 도약시키기 위해 이 부부를 영입한 것이다. 이후 포터 부부는 그곳에서 20년 동안 일하면서 회사가 세계적 명성을 얻는 데 일조했다.

포터 부부는 1990년대 중반 즈음 사업의 확장을 고려했다. 또한 장기적인 관점에서 나중에 불이익 없이 사업을 양도할 수 있는 전략을 생각했다. 그들은 가스 옥션이 직원 13명을 둔 회사로 성장한 즈음 제프와 아멜리아와 동업 계약을 맺었다. 아멜리아는 "그때가 회사의 과도기였어요"라고 말했다. 원 소유주는 1973년에 세상을 떠났기에 포터 부부는 그곳을 23년 동안 독자적으로 운영했다. 아멜리아는 "역할과 의사결정과 관련하여 여러 가지 문제가 있었어요"라고 회상했다.

이 젊은 부부는 회사 운영에 참여했다. 그런데 만만치 않은 일이었다. 이 부부는 새 직장에서 정확히 어떤 역할을 해야 하는지 몰랐다. 포터 부부와 모든 의사결정에 공평하게 다 같이 참여하기로 결정은 한 상태였다. 하지만 이러한 시스템 때문에 업무 처리가 더디기만 했다. 아멜리아는 포터 부부의 딸에게 버크만 진단에 대한 이야기를 들었다. 그 부부의 딸 셀리아 크로슬리는 바로 공인된 버크만 컨설턴트였다. 아멜리아 부부는 셀리아에게 도움을 요청하기로 했다. 아멜리아는 셀리아에게 이렇게 물었다.

"우리가 똑같은 소유권과 의사결정권을 가졌다는 걸 확실하게 하려면 우리의 시간과 재능과 인력을 어떻게 사용해야 할까요?"

셀리아는 "그분들은 계속 나이 차 때문이라고 하셨어요"라고 회상했다. 포터 부부는 60대였고 아멜리아 부부는 20대였기 때문이다. 하지만 셀리아는 "차이가 존재하긴 했는데 그게 나이 차이는 아니었어요"라고 말했다.

셀리아는 네 사람의 관계가 이리저리 얽혀 있다는 점을 이해시키려 했다. 아멜리아는 이렇게 했다.

"우리 네 사람은 사업가로서 각자의 특징이 분명했고, 두 사람씩 부부였어요. 각자의 배우자가 각자의 사업 파트너였던 거고요. 바로 그런 점들이 동업 관계를 복잡하게 만들었던 거죠."

이 네 사람은 버크만 진단을 받고 결과를 기다렸다. 셀리아는 네 사람에게 개인 보고서를 나눠주었다. 그리고 집단의 역학관계에 초점을 맞추기 위해 네 사람의 평소 스타일, 흥미, 욕구, 스트레스 반응이 표시된 집단 생활양식도해를 보고서에 포함시켰다.

좋은 소식은 네 사람 모두 다른 사람들과는 다른, 분명한 강점을 지니고 있다는 점이었다(도표 6.1).

제프는 흥미 분야가 옐로우에 속하는 유일한 사람이었다. 그래서 그는 재무 담당 책임자를 맡았다. 캐롤린은 체계 요소 점수가 높고 과학 분야의 흥미 점수가 높게 나와 조사 업무를 맡았다. 톰은 설득 분야의 흥미 점수가 75로 나와 판매를 맡았다. 블루 유형인 아멜리아는 자신의 창의력을 활용하여 새로운 마케팅 전략을 짜고 판매용 소장품들을 분류했다.

그들의 버크만 보고서에는 스트레스 요소도 표시되었다. 제프는 보고서를 보면서 자신이 다른 사람들과 행동 방침을 정하는 일에 동참을 해도, 공동의 업무가 끝나면 개인 사무실에 들어가 혼자 일하고 싶어 하는 성향이 강하다는 사실을 알았다. 아멜리아는 좀 더 인내심을 갖고 타인의 업무 습관을 인정하기 위해 자신의 행동 유형과 의사소통 유형을 수정해야 한다는 점을 알았다.

아멜리아와 제프는 차를 타고 시내 밖으로 나갈 때 두 사람의 보고서를 가지고 갔다. 아멜리아가 운전을 하는 동안 제프가 보고서를 읽었다. 아멜리아는 그때 남편이 "아, 이걸 보니 당신 좀 독재자 성향이군"이라고 말했다면서 웃었다. 아멜리아는 일대일 의사소통 성향을 나타내는 존중 요소의 점수가 낮고(평소 스타일은 28, 욕구는 49) 권위 요소 점수는 66으로 네 사람 가운데 가장 높았다. 아멜리아는 인정하듯 이렇게 말했다.

"전 감언이설에 넘어가는 걸 좋아하지 않아요. 사실만 좋아하

집단 생활양식도해

죠. 저 역시 타인에게 '빙빙 돌려 말할 것도 없이 이게 제 생각입니
다'라는 식으로 말해요. 그런 태도가 늘 좋은 건 아니지만 그래도
이기적이거나 악의가 있는 건 아니에요."

캐롤린과 제프는 상대방이 자신에게 부드럽고 예의바르게 말
해주기를 바랐다. 사실 이 네 사람은 자신의 배우자와는 갈등을
일으키지 않았다. 네 사람 사이에 대립이 발생한다면 그건 톰과
아멜리아 대 캐롤린과 제프의 양상이었다. 아멜리아는 한 가지 예

를 들며 다음과 같이 말했다.

"톰과 저는 의사결정을 내리는 데 빨랐고 제프와 캐롤린은 생각할 시간이 필요했어요. 저는 버크만 진단을 통해 제가 세 명의 사업 파트너들과의 관계에 어떤 도움이 될지 알아보는 눈이 생겼어요. 또한 제 결혼생활도 들여다보는 눈이 생겨 '내가 이렇게 행동하고 이런 부분을 바라는구나'라는 생각을 할 수 있게 되었어요."

적용

네 사람 모두 비슷한 성향을 보이는 영역은 체계 요소였다. 체계 요소에서 행동 점수는 캐롤린이 61, 톰이 90, 아멜리아와 제프가 79로 모두 높게 나타났다. 체계 요소에서 욕구 점수는 모두 비교적 낮았고, 아멜리아의 점수는 가장 낮은 5였다. 셀리아는 이런 말을 했다.

"네 분은 겉으로 보기에는 상당히 조직적이고 계획적이었어요. 하지만 아무도 지시받는 걸 원하지 않았고 자기만의 행동 방식을 따르기를 선호했어요. 이 네 분은 각자의 책임 영역을 맡고서 자신이 올바르다고 생각하는 방식을 따르되, 변화에는 융통성을 보인다면 좋은 성과를 낼 수 있었던 거예요."

실제로 네 사람은 그렇게 했고 결국 좋은 성과를 올렸다. 오늘날 가스 옥션의 모든 신입사원은 버크만 진단을 받아야 한다. 아멜리아는 이런 말을 했다.

"버크만 진단을 이용하는 이유는 지원자들을 걸러내기 위해서가 아니라 채용한 신입사원들을 적합한 자리에 배치하는 데 드는 시간이 줄어들기 때문이에요. 대부분의 사원들은 새로운 사장한테 "제게 이런 부분을 충족시켜주셔야 일을 잘 할 수 있을 것 같습니다" 같은 말을 못하죠. 하지만 가스 옥션의 경영진은 바로 그런 말을 듣고 싶어 해요. 다른 경영자들도 그런 말들을 들을 필요가 있고요."

아멜리아는 버크만 진단 덕분에 자사의 일상 업무가 더 능숙하게, 더 민주적으로 이루어진다고 믿는다. 예를 들어, 아멜리아는 회사 경영자이긴 하지만 자신의 사무실 한쪽 공간을 회계 담당자 전용 공간으로 만들었다. 버크만 진단 결과 이 회계 담당자는 혼자 집중할 시간이 필요한 것으로 나타났기 때문이다(수용 요소에서 욕구 점수가 낮아 혼자만의 시간이 필요한 것으로 나타났고 변화 요소에서 욕구 점수도 낮았다).

아멜리아 부부는 2006년에 이 회사의 소유권을 완전히 넘겨받았다. 아멜리아는 자랑스러운 말투로 이렇게 말했다.

"저희 부부가 단독 경영권을 획득하는 과정에서 빠져나간 직원이 한 명도 없어요. 버크만 진단 덕분인 것 같아요. 우리는 자기 인식을 함으로써 더 나은 경영자가 되었다고 해도 과언이 아닙니다."

2013년 현재, 가스 옥션은 미국에서 큰 입지를 차지하고 있으며 국제적으로도 주목을 받고 있다. 셀리아는 이렇게 말했다.

"간추려 말하자면, 네 분은 각자 행동의 차이점을 인정하고 그 '이유'를 파악하고 나서야 사업을 성공적으로 이끌게 되었어요.

모두 똑같은 비전과 희망과 꿈을 품고 있던 분들이니까요."

다양한 인재

검색 엔진 최적화 서비스를 제공하는 영국의 회사가 2005년에서 2010년 사이 급격한 변화를 겪는 동안 그들의 안정화에 버크만 진단이 도움이 되었다. 그 시기에 이 회사의 직원 수는 20명에서 275명으로 늘었다. 또한 미국의 한 업체가 이 회사를 인수했는데 그 과정에서 고위 관리직의 구조조정이 단행되었다.

2005년 당시 8년 차였던 이 회사는 온라인 검색 시장의 폭발적 성장에 힘입어 덩달아 빠르게 성장했다. 경영진은 어디서부터 채용을 시작해야 하는지 확신하지 못했지만 각 분야에 직원이 필요하다는 사실은 알았다. 특히 디자인, 영업, 프로젝트 시행을 담당할 직원들이 필요했다. 경영진은 새로 들어올 인재들이 능력을 발휘할 수 있는 분위기를 형성하는 것을 목표로 삼았다.

경영진은 채용을 시작하기 전에 이 회사에 어떤 강점이 있고 부족한 부분은 무엇인지 객관적으로 파악하고 싶었다. 당시 영국에서 일하던 컨설턴트 바바라 로빈슨은 경영진 아홉 명에게 버크만 진단을 받게 했다. 그들은 진단 결과를 보고 웃었다. 몇 명이 그린 분면에 속하긴 했지만 대부분이 블루 분면의 가장 오른쪽에 분포해 있었기 때문이다. 이는 그들이 창의력이 강한 사람들이라는 점을 나타냈다. 이런 특성은 그 회사를 유망한 신생 업체로 만들어준 요소이기도 했다. 바바라는 "그분들은 깨달았어요. 회사

창립자가 그때까지 자신과 비슷한 사람을 채용했다는 사실을 요!"라고 설명했다.

고위 경영진이 저지르는 이런 유의 단순하고 전형적인 실수는 기업이 직면하는 여러 가지 문제의 중요한 원인이 된다. 조직 계층에 다양성이 심각하게 부족해지는 현상부터 조직을 침몰시킬 수 있을 만큼 구성원들의 정체된 사고에 이르기까지 문제는 다양하게 나타난다. 서로 이해하며 잘 지내는 비슷한 유형의 직원들은 자신들에게 '비슷한 사람들만 채용하면 된다'는 사고방식이 있다는 점을 잘 깨닫지 못한다. 더욱이 그런 사고방식을 고치기는 더 어렵다.

앞서 말한 경영진은 버크만 진단 후 논의를 하여 우선 재무 담당자를 채용하기로 했다. 바바라는 유능한 직원을 채용하는 데 도움을 주었다. 그리하여 회계 업무에 열정이 있고 체계적으로 일하는 옐로우 유형의 직원이 채용되었다. 이 신입 직원은 블루 성향도 지니고 있어서 상급자들과 공감대도 형성할 수 있었다.

이 회사는 미국의 한 업체에 인수되면서 더욱 성장했다. 채용 인원이 늘면서 275명의 직원을 거느린 회사가 되었다. 새로운 주주들이 자리를 잡았고 최고경영자였던 회사 설립자가 회사를 떠났다. 그러자 바바라는 새로운 최고경영자와 함께 고위 경영팀의 구조조정을 시행했다.

제7장
당신은 어떤 유형의 리더인가?

훌륭한 리더나 최고경영자는 버크만 진단 결과가 어떻게 나올까? 이 질문에 한 가지 답은 존재하지 않는다. 사람과 직장은 복잡한 요소가 얽혀 있기 때문에 다양한 조직과 다양한 업무에 맞는 다양한 유형의 리더십이 필요하다. 어떤 리더십이 성공하는지 예측할 수 있는 공식이란 없다. 리더가 이끄는 집단은 어떤 특성을 지닌 사람으로도 이루어질 수 있다. 기껏해야 우리는 특정한 산업이나 조직 아니면, 눈앞에 닥친 업무에 맞는 공통분모를 찾을 수 있는 정도다.

성공적인 리더십을 예측하는 일보다 더 중요한 일이 있다. 바로 자신이 어떤 유형의 리더이고, 더 효율성을 발휘하는 리더가 되려면 어떻게 해야 하는지 아는 일이다. 그리고 이 일은 버크만 진단을 통해 할 수 있다. 사람들이 권위를 행사하는 방식은 다양하다. 버크만 진단에서는 이것이 구체적으로 측정된다.

관리자는 직원들의 전반적인 권위 요소 점수를 보면 직원들이 지배 성향이 얼마나 큰 리더를, 혹은 얼마나 적은 리더를 원하는지 파악할 수 있다. 어떤 직원의 권위 요소 점수를 보면 그 직원이 관리자가 지시를 내리는 방식을 수용하거나 거부하는 이유를 알 수 있다. 버크만의 다른 관계 요소들과 마찬가지로, 선호하는 지휘 유형이 서로 다르다는 점을 알게 되면 업무 관계에서 개인을 탓하지 않게 되고 방어적 태도도 누그러뜨리게 된다.

버크만 진단에서 권위는 언어로 된 지휘와 관련이 있다. 즉 큰소리로 말하고, 공개적으로 말하고, 논쟁을 좋아하는 것과 관련이 있다. 그리고 "여기에 여덟 시까지 오라고 했을 텐데요. 도대체 어디에 있는 거죠?" 같은 말을 편하게 하는 것과 관련이 있다. 간단히 말해, 관계 요소에서 권위에 대한 욕구는 언어로 된 지휘로 영향력을 행사하고 싶은 정도를 말한다.

권위 요소 점수가 높은 리더는 공공연하게 권위적인 방식으로 사람들을 이끈다. 그렇다고 이러한 상사가 항상 호통치듯 명령을 내리는 것은 아니다. 하지만 공감 요소 점수가 높은 사람들은 이러한 상사가 내리는 지시를 확대 해석할 수 있다. 한편 공감 요소 점수가 큰 사람이란 감정 표현을 잘하는 사람을 의미한다. 앞서 말한 유형의 상사들은 단호하게 명령을 내리기 때문에 일반적으로 '강압적인' 상사로 묘사된다. 그들은 건설 현장, 공장, 응급구조, 군대처럼 신속성이 중요하고 위험 요소가 있는 영역에서 역할을 잘 해낸다.

하지만 갈수록 노동자들이 더 다양해지고 노련해지며 더 교육을 받고 박식해지고 있기 때문에 전형적인 독재자 유형의 상사는 더 이상 영향력을 발휘하지 못한다. 영향력 있는 상사는 초점을 명확히 하고 통제하지만 직원들을 지배하지 않는다. 요즘 대중문화에서 위스퍼러whisperer 현상을 다룬 것이 많다(대상의 마음을 읽고 그에 맞게 반응해주면 대상을 잘 이끌 수 있다는 논리에서 나온 현상을 말한다. 개의 마음을 읽어 잘 소통하고 이끌어주는 내용인 〈도그 위스퍼러〉라는 프로그램도 있다-옮긴이). 이는 사람이나 동물에게 권위를 행사하는 가장 좋은 방법은, 자신이 이끌려고 하는 대상의 눈으로 자기를 들여다봄으로써 그 대상과 우호적인 관계를 형성하는 것임을 보여준다. 궁극적으로 이러한 방식이 더 효과적이다. 버크만 프로젝트에서는 권위 요소의 점수가 낮은 유형이 이러한 리더십 유형에 속한다. 이러한 리더들은 우두머리 행세를 하지 않아도 누가 우두머리인지 구성원이 알게 한다.

: 변화하는 권위의 모습

에스더 S. 포워스 박사는 약 20년 동안 경영 컨설턴트로서 대기업의 수많은 중역에게 도움을 주었다. 이 여성 컨설턴트는 오랜 상담 경험으로 미루어볼 때 리더십 유형에 세대별 차이가 있다고 말한다. 이는 버크만 진단에서도 나타난 사실이다. 에스더는 이렇게 회상했다.

"제가 중공업 분야의 대기업에서 코칭을 시작했을 때 경영진은 군대 같았어요. 다들 레드 유형에 권위, 체계, 활동 요소의 점수가 높고 사고, 이익, 공감 요소의 점수는 낮았어요. 전형적인 공장의 경영자들 같았죠. 남의 말에 귀를 기울이지 않았고 협력도 잘 하지 않는 유형이었어요."

권위 요소 점수가 높았던 그 관리자들은 명령을 잘 내리고 말도 청산유수처럼 잘했지만 대개 사교 능력은 떨어졌다. 더욱이 경쟁과 참여적 관리(participatory management, 의사결정 과정에 구성원들의 참여 기회를 확대하는 조직 관리 방식-옮긴이)가 확대되고 첨단 기술 기업과 정보가 폭발적으로 증가하면서 여러 가지 변화가 발생했는데, 그들은 이를 전혀 달가워하지 않았다.

1990년대 초반에 기업들은 변화에 더 기민하게 대처하기 위해 고효율 업무팀을 만들기 시작했다. 전통적인 제조 회사들은 조직을 재설계하기 위해 에스더에게 도움을 청했다. 그 회사들은 변화를 따라가려 했고 일부는 일본의 제조 기술을 본받으려 했다. 이로써 조직을 조금 더 수평적 조직으로 만들고 재고율을 낮추는 적시 생산 방식just-in-time이 도입되기 시작했다. 에스더는 이런 말을 했다.

"현장 직원들은 조금만 교육해도 잘 받아들였어요. 하지만 관리자들은 그러한 변화가 모두 잘못되었다는 걸 입증하고 싶어

했고, 저를 그곳에서 끄집어내려 안달이었어요."

하지만 경제 변화는 멈추지 않았을 뿐더러 더디게 진행되지도 않았다. 에스더는 새로운 방식이 형성되자 고위 관리자들의 상당수가 새롭게 변모된 기업을 이끌어가기 어렵게 되었다는 점을 발견했다.

에스더는 그 이후 10년 동안의 경영자들은 이전과 '완전히 다른' 유형이었다고 설명했다. 버크만 진단 결과 예전보다 더 융통성 있고 낙관적 태도를 지닌 경영자들이 많다는 점을 파악했다. 또한 그린과 블루 유형이 예전보다 더 많다는 점도 발견했다. 이는 갈수록 더 민주적이고 창의적인 리더십이 요구되기 때문이다. 물론 구식의 독재적 경영자들은 아직도 존재한다. 하지만 그 수가 예전보다 많이 줄었고 이제는 다양한 사람들과 업무 공간도 공유한다. 지금까지 누적된 버크만 진단 결과에는 이러한 변화가 정확하게 반영되어 있다. 이로써 이 진단이 얼마나 정교한 도구인지 입증된 셈이다.

경영자들은 버크만 진단을 통해 '타인은 나를 너무 공격적이라 생각하는가, 아니면 너무 유순하다고 생각하는가?'라는 질문과 직면한다. 경영자는 기업 문화뿐만 아니라 다양한 팀들의 필요를 고려하고, 팀 전체와 각 팀원들의 필요를 고려해서 각각에 가장 잘 맞는 경영 방식을 찾아야 한다. 그래야 성공을 거둔다. 이는 한 가지 유형으로 다 통하는 리더십에서 벗어나 자신의 능력 내에서 여러 가지 유형을 취해야 한다는 의미다.

권위 요소는 다른 관계 요소들과 마찬가지로 다차원적이다. 버크만 진단에서 권위 요소는 개인이 언어로 된 명령을 얼마나 잘 내리는가를 나타낸다. 또한 이 요소의 진단에서 개인이 강한 지시를 받을 때 얼마나 잘 수용하는가도 측정된다. 당신은 지시와 명령을 얼마나 강하게 내리는 경영자를 바라는가? 많은 사람이, 비록 자신은 쉽게 인정하지 못하지만, 단도직입적이고 권위적인 경영자를 원한다. 이런 사람들은 누가 우두머리인지 알 때 좋은 성과를 낸다. 또한 해야 하는 일과 그 일을 해야 할 때와 방법을 알려주는 관리자와 있을 때 가장 편안함을 느낀다.

권위 요소와 관련한 대조적인 두 유형은 이 요소의 욕구 점수 형태로 스펙트럼 위에 표시된다. 버크만 진단은 당신이 권위 요소 측면에서 어떤 유형의 상사 밑에서 가장 효율적으로 일하는지 판단하는 데 도움이 된다. 그러니까 당신을 통제하는 유형과 정중하게 자율성을 주는 유형 가운데 어떤 유형을 선호하는지 알아볼 수 있다.

직접적인 명령을 받아야 반응을 잘하는 사람들도 있지만 자율성을 보장해주는 것을 더 선호하는 사람들도 있다. 권위 요소에서 욕구 점수가 낮은 사람들은 스스로 맡아 하는 자율성이 주어질 때 생산성을 발휘한다. 이들은 지시를 내리지 않고 제안을 하는 관리자와 협력하기를 선호한다. 따라서 관리자가 느긋하며 절제되고 단도직입적이지 않은 태도를 보일 때 일을 더 잘한다.

자기가 타인을 이끌 때와 타인이 자신을 이끌어갈 때 선호하는 권위 유형이 각각 다른 사람들이 많다. 이 부분은 버크만 진단 결과에 잘 나타난다. 지시하는 성향이 굉장히 강한 사람이라도 (사업가나 개인 병원을 운영하는 의사 가운데 이런 유형이 많다) 해야 할 일이나 일을 하는 방법에 대해 누군가의 지시를 듣는 것은 싫어할 수 있다. 이와 마찬가지로 본인은 평소에 상냥하고 남을 잘 배려해도, 통솔력 있고 단호하게 의사결정을 내리고 지시하는 상사와 일할 때 일을 가장 잘하는 사람들도 많다.

: 차라리 솔직해져라

워싱턴에서 통증을 전문적으로 다루는 지압 요법 전문가 제프리 P. 헤이그퀴스트는 자신이 운영하는 의료원에 위기가 닥쳤을 때 버크만 진단으로 도움을 받았다. 그는 아홉 명의 핵심 직원으로 이루어진 작은 병원에서 굉장히 권위적이고 냉정한 경영자였다. 그는 이렇게 말했다.

"제가 지시를 내리면 비의료 담당 직원들은 핵심을 파악하지 못했어요. 그 지시를 바탕으로 각자의 문제를 해결하는 게 아니라 지시를 글자 그대로만 따랐던 겁니다. 나무만 보고 숲은 못 봤던 거죠. 제가 한 말대로 하려고만 했지 그 말뜻을 이해하지 못했어요."

한편 직원들은 해야 하는 일에 대해 전달받는 메시지가 모호하다고 느꼈다. 그렇다고 지시 성향이 몹시 강한 상사에게 대놓고 물어볼 엄두도 나지 않았다. 그들은 매일 하는 업무에 쉽게 의욕을 잃었다. 제프리는 버크만 진단 결과 권위 요소에서 행동 점수와 욕구 점수 사이에 상당한 차이를 보였다(81 대 37).

제프리를 맡았던 컨설턴트인 바바라 로빈슨은 이런 말을 했다. "그분은 자신이 직원들을 관리하는 방식으로 누군가 자신을 대하는 것을 원치 않아요. 그리고 권위 요소에서 스트레스 반응 점수가 75인 점을 감안하면 스트레스를 받을 때 더 고압적이고 대립적인 태도를 보일 가능성이 높아요."

제프리는 적극적으로 자신의 방식을 바꾸려고 하지는 않았다. 하지만 버크만 진단은 제프리와 직원들에게 확실한 도움이 되었다. 그들은 이 진단을 통해 그의 권위적인 리더십 유형을 현실적으로 받아들이면서 순조롭게 일하는 방법을 파악했기 때문이다. 제프리는 이런 말을 했다.

"포괄적으로 보면 버크만 진단은 지금 내 모습이 바로 나라는 사실을 확실히 알게 해주었어요. 그건 제 특징이고…, 그걸로 족해요."

제프리는 의료 담당 직원을 더 채용하기로 결정했다. 그는 이제 새로 온 직원에게 자신의 버크만 진단 결과를 보여주며 자신의 리더십 유형과 직원에게 바라는 부분을 설명해준다고 한다. 또한 직원에게도 이 진단을 받게 하여 상사와 일하면서 부딪힐 수 있는 문제 요소나 주시해야 할 차이점을 파악하게 한다. 제프리는 혼란을 주는 지시를 하지 않는 법도 배웠다. 또한 잠재적 문제 요소가 감정을 상하게 하는 요인이 되기 전에 그것을 피하는 법을 배웠다. 그는 "이젠 사람들에게 제가 어떤 유형인지 솔직하게 말합니다"라고 말했다.

한편 바바라는 직원들의 의사소통 능력과 업무 환경을 향상시키기 위해 계속 직원들과 주기적으로 만나고 있다.

: 고압적인 상사

휴스턴에서 일하는 한 변호사는 권위 요소에서 행동 점수가 90점대로 상당히 높았다. 그 변호사도 앞서 언급한 치료사와 비슷한 문제를 겪었다. 그의 사무실에는 직원이 두 명밖에 되지 않았지만 의사소통이 전혀 원활하지 못했다. 그는 높은 점수에서 드러나듯 소리를 크게 지르고 공격적인 행동을 했으며 엄청난 양의 지시를 내렸다.

그 변호사는 버크만 컨설턴트 밥 브루어에게 "누가 책임자인지 각인시켜주고 싶었어요"라고 말했다. 그래서 밥은 이런 말을 해주었다.

"당신은 그 방법으로 소리치고 과도한 지시를 내리고 있어요. 그들도 교육받은 사람들인데 초등학교 3학년이라도 되는 양 소리를 지르고 있어요. 직원들도 당신이 책임자라는 걸 이미 알고 있습니다."

그 변호사는 자신의 고압적인 태도를 바꾸는 일을 어렵게 느꼈다. 어쨌든 그 변호사의 일은 자신의 이름을 내건 개인사업과 같았기 때문이다. 그는 자신이 고압적으로 나오지 않으면 직원들이 자신을 존경하지 않을 거라고 느끼는 듯했다. 밥은 이런 말을 했다.

"누구나 맹점을 지니고 있는데 그분의 맹점은 바로 그런 생각이었어요. 말로 영향력을 행사하는 것은 상대방에게 상처만 주는 방법이지요."

밥은 민주적인 방식을 써야 그 변호사에게 가장 유리하다는 점을 납득시켰다. 밥은 말했다.

"그 문제를 해결하는 건 한 단계씩 밟아가야 하는 과정이었어요. 적어도 상대방에게 관대한 마음을 갖고 허심탄회한 대화를 여러 번 나누는 과정이 필요한 일이었지요."

밥은 그 변호사가 직원들과의 관계에서 나타나는 몇 가지 측면을 인정하도록 이끌어주었다. 첫째, 그는 그의 기대를 충족시키지 못하는 직원의 업무 능력에 반응을 보이거나 그 직원에게 지시를 내릴 때 고압적인 성향이 있다는 점을 인정해야 했다. 둘째, 그의 매우 권위적인 태도에 직원들이 보이는 반응은 정상적인 것이며 그가 묘사한 대로 '책임을 회피하려는 겁쟁이들'의 반응이 아니라는 점을 인정해야 했다. 셋째, 몇 안 되는 직원들의 권위 요소와 관련한 욕구를 인정해야 했다. 그러니까 그들은 단호하지만 공정하고, 지시를 덜 내리고 제안을 더 많이 하는 상사를 원했다. 밥은 마침내 그 변호사가 타인에게 갖는 '비현실적인' 기대를 현명하게 조절하는 일에 진전을 보였다고 했다.

밥은 변호사와 마찬가지로 직원들과도 대화를 여러 차례 나누었다. 직원들이 상사의 행동에 좀 더 현명하게 반응하도록 돕기 위해서였다. 밥은 그들이 상사를 있는 그대로 받아들이도록 지도했다. 이 부분에서 그들은 조금씩 진전을 보였다. 밥은 그들에게 상사가 강압적인 태도를 다시 보이더라도 너무 과민하게 반응하지 말고, 상사가 상황을 개선시키려고 하는 노력을 너그럽게 봐주어야 한다고 말했다. 상황이 점점 좋아질 거라고 믿어야 한다는 말도 해주었다. 또한 "사람은 자신이 한 행동에 보상을 받을 때 그 행동을 반복한다"라고 말해주면서, 그들이 상사가 노력하는 부분을 인정하는 말을 계속 하라고 조언했다. 그래야 모두가 바라는 변화를 이룰 수 있다고 강조했다. 밥은 말했다.

"상황이 빨리 개선되지는 않았어요. 하지만 직원들은 인내심을 발휘하고, 상사는 변화를 위해 진지한 노력을 기울이는 과정에서 서로 협력하는 방법을 발견했어요."

: 권위와 자율

직장에서 관계가 형성되는 초기에는 권위라는 문제에 관심을 기울이는 것이 바람직하다. 직장 내 관계가 일정한 양식으로 굳어지기 전에 주의를 기울여야 한다는 의미다. 소냐 쉴즈 아본느는 화장품과 건강 관련 제품을 판매하는 회사인 아본느Arbonne 수석 부사장이다. 소냐는 매일의 약속 일정 조정과 서류 업무를 책임질 체계적인 보조 직원을 채용해야 했다. 이는 쉬운 일처럼 보였다. 하지만 소냐 밑에서 일하다 그만둔 직원이 여럿이었다. 캐나다 앨버타에서 일하는 컨설턴트로, 소냐를 맡은 이안 횟필드는 이렇게 말했다.

"소냐 씨가 채용한 직원들은 석 달에서 여섯 달 정도 일하다가 그만둬버렸어요. 소냐 씨는 상냥한 사람이었기에 그녀의 성품이 문제인 건 아니었어요."

특히 규모가 작은 회사에선 모든 직위가 다 중요하기 때문에 채용이 겉으로 보이는 것처럼 쉬운 일이 아니다. 소냐는 자기 집에서 네트워크 마케팅을 통해 4개국에 직접 판매를 하면서 회사를 운영했다. 소냐는 말했다.

"집에 남편과 두 아이가 있기 때문에 새로 온 직원은 가족 문화에 적응해야 했어요."

권위 요소에서 그녀의 평소 스타일 점수는 37로 낮았고 욕구 점수는 이보다 더 낮은 23이었다. 이안은 "소냐 씨는 권위를 휘두르는 유형이 아니에요…. 상대방이 자신을 따뜻하게 대해주고 자신의 감정에 관심을 기울여주길 바라죠"라고 말했다. 소냐는 평소에 쾌활하고 협조를 잘하는 유형이었다.

하지만 버크만 진단에서 중요한 사실이 드러났다. 스트레스 반응이 평소 스타일과 완전히 극과 극을 이룬다는 점이었다. 소냐는 상대방이 자신을 지배하려들 때 대개 묵인했다. 하지만 스스로 압박감을 느끼면 소리를 잘 질렀고, 상대방이 자신을 너무 자주 심하게 몰아붙이면 자기 방어적인 태도로 돌변했다. 소냐의 스트레스 반응 점수에서 이런 사실이 드러났다.

또 한 가지 중요한 사실이 소냐의 수용 요소 점수에서 드러났다. 이안은 이렇게 말했다.

"소냐 씨는 많은 사람들과 잘 어울리고 판매에도 뛰어났어요. 하지만 혼자서 또는 가족과 보내는 시간을 마련하여 재충전을 했어요."

소냐는 이렇게 덧붙여 말했다.

"저는 평소에 사교적인 사람이에요. 그런데 버크만 진단을 통해 제가 어느 지점에 이르면 집단을 벗어나 혼자만의 시간을 원한다는 사실을 알게 되었어요."

이안은 소냐의 버크만 진단지를 살펴본 후 소냐가 채용하려는 사람은 그녀가 원하는 특성 외에 고려할 부분이 더 있다고 말했다. 그러니까 지휘 성향이 강한 사람을 채용하면 안 되며, 의사소통이 잘 되고 의견 제시를 너무 요구하지 않는 사람을 채용해야 한다고 말했다. 소냐는 이렇게 말했다.

"너무 단도직입적인 사람은 제가 감당을 못했어요. 제가 버크만 진단을 보고 가장 놀란 점은 권위 요소에서 저의 욕구 점수가 아주 낮다는 사실이었어요."

　소냐가 이용하던 전문 인력 소개업체의 직원은 소냐에게 세 명
의 지원자를 보내주기로 했다. 그러다가 면접 연습을 하고 싶어
하는 사람을 한 명 더 보내도 되느냐고 물어왔다. 소냐는 이에
동의해주었다. 최종 면접 때는 이안도 동석하게 했다.

　유력한 지원자는 경험이 많고 유능했다. 하지만 이안은 그 여
성을 관찰한 결과 권위 요소 점수가 높으리라고 예상했다. 이안
의 말에 의하면 그 여성은 적극적이고 자신감 넘치며 뭐든지 할
수 있다는 태도를 지녔다. 이안은 그 지원자와 소냐가 상호작용
하는 모습을 관찰했다. 그 결과 그 지원자가 거침없이 말할수록
소냐가 질문에 시들해진다는 점을 발견했다.

　지원자 세 명의 면접이 끝난 후 젊고 경험이 부족한 넷째 지원
자가 면접실로 들어왔다. 그 여성은 어느 정도 자신감은 있지만
권위 요소 점수가 낮은 유형으로 보였다. 말을 조심스럽게 했고
상대방이 쉽게 말을 걸 수 있는 사람이었다. 이안은 소냐가 면접
을 하는 동안 그 여성 쪽으로 몸을 기우는 모습을 보았다. 그리
고 그 몸짓에서 어떤 연결고리를 보았다.

　이안은 소냐에게 이렇게 말했다.

　"첫째 지원자는 아주 좋은 성과를 내긴 할 겁니다. 하지만 아마
소냐 씨가 그 사람의 눈치를 봐야 할지도 몰라요. 그리고 그 사
람 역시 지휘력이 부족한 소냐 씨에게 실망할 수도 있어요."

　짐작했겠지만 소냐는 면접 연습을 하러 왔던 넷째 후보를 채

용했다. 소냐는 버크만 진단으로 자신을 알게 되자 지원자들에게 자신과 조화되는 가치를 묻게 되었다면서 이렇게 말했다.

"제가 어떤 사람인지 그리고 어떤 사람과 일할 수 있는지 알지 못했다면 사람 그 자체를 보지 않고 이력서만 보고 채용했을 거예요. 버크만 진단을 통해 제가 자율권을 주는 것을 좋아한다는 사실을 깨달았어요. 제가 채용한 스물세 살 아가씨는 일 경험은 별로 없었어요. 하지만 자기가 좋아하는 사람과 자기가 좋아하는 일을 한다면 봉급이 줄어도 얼마든지 괜찮다고 여기는 사람이었어요. 이력서만 보면 끌리지 않았지만 면접 때 직접 보니 끌리는 지원자였지요."

소냐는 채용 후 곧바로 그 여성에게 버크만 진단을 받게 했다면서 이렇게 말했다.

"그 직원의 특성과 동기부여 요소를 파악했기 때문에 그녀를 더 깊이 있게 알게 되었어요. 전 그 직원이 저를 '내가 힘들게 노력할 때 기꺼이 도움을 주는 상사'로 생각해주길 바랐어요. 버크만 진단 결과를 보고 그 직원이 체계 요소 점수가 높다는 사실도 알게 되었어요. 그래서 할 일을 시킬 때 목록으로 만들어줍니다. 버크만 진단 덕분에 그 직원이 좌절감을 느끼게 만들 요소가 무엇인지도 알고 있어요. 성격 검사를 두어 번 해본 적이 있지만 현실적으로 가장 유용한 것은 버크만 진단이에요. 제 특성뿐만 아니라 욕구도 파악할 수 있으니까요."

그 여직원은 3년이 지난 지금도 소냐와 일하고 있다.

: 두 가지 유형의 리더십

굉장히 유능한 경영자들 가운데 권위 요소 점수가 낮은 사람들이 있다. 그들은 '지시하기보다 제안하는' 성향이 있다. 이러한 방식은 좋은 결과로 이어질 수 있다. 그들은 직설적이지 않은 방식으로 의사소통하는 것을 선호한다. 또한 명령이나 지시를 내리기보다 대개 권유나 제안을 한다.

컨설턴트 밥 브루어는 소규모 영업팀을 이끄는 한 관리자가 두 가지 유형의 리더십을 모두 갖추도록 도움을 주어야 했다. 그 회사는 가전제품을 만드는 곳이었다. 밥 브루어는 이름이 조인 그 관리자를 이렇게 묘사했다.

"그분은 오클라호마 출신으로 훌륭한 영업 부장이었어요. 말을 천천히 하고 자신을 낮출 줄 알고 상냥했지요."

권위 요소 점수가 낮은 조는 평등한 방식으로 직원들을 이끌었다. 조의 부하 직원들은 조가 자신의 방식을 강요하지 않고 직원 각자가 맡은 일을 어떤 식으로 하면 좋은지 의견을 제시하는 것이 좋다고 말했다. 영업팀 직원들은 일을 잘했다. 그런데 조를 좋아하지 않는 한 직원만은 동료들만큼 좋은 성과를 내지 못했다.

직원들은 그 직원에 대해 "성과에 신경이나 쓰는지 모르겠어요"라고 밥에게 말했다. 얼마 후 영업팀의 버크만 진단 결과가 나왔다. 밥 브루어는 이렇게 말했다.

"진단 결과지를 죽 훑어보니 직원 일곱 명 가운데 여섯 명은 모두 권위 요소에서 욕구 점수가 낮았어요. 그리고 성과가 낮은 그 직원만 권위 요소에서 욕구 점수가 높게 나왔더라고요."

"저는 누가 이끄는 사람인지 분명한 게 좋아요. 저한테 정확하게 뭘 하라고 지시를 내리면 전 기꺼이 하겠어요." 그 직원은 이렇게 말했다.

조가 제안하는 방식의 관리자였기 때문에 그 직원은 좋은 성과를 내려면 어떻게 해야 하는지 감을 잡지 못했다. 권위 요소에서 욕구가 높은 그 직원은 조가 지휘권을 강하게 발휘할 때만 그의 말을 이해했다. 밥은 조에게 "그 직원에게는 좀 더 단호한 목소리로 지시하듯 단도직입적으로 말하셔야 합니다"라고 조언했다. 그러자 조는 "음, 전 그렇게 못 합니다"라고 대답했다.

"항상 그렇게 하시라는 말이 아닙니다. 그 직원은 그런 상사를 원한다는 걸 아셨잖아요. 그 직원에게만 그렇게 해보시겠어요?" 밥은 이렇게 물었다.

"그렇게 하면 제 맘이 편하지 않을 텐데요. 자연스럽지도 않을 거고요." 조가 대답했다.

하지만 조는 그렇게 해보려고 노력했다. 그리고 막상 해보니 본인도 그렇고 그 직원도 편안한 기분을 느꼈다.

경영자 코칭

경영자들에게 조직을 경영하는 방법을 교육시키는 데 기업에서 쏟는 돈과 노력과 시간은 실로 엄청나다. 하지만 그러한 교육이 기업 문화의 일부가 되지 못하는 경우가 많으며, 이는 특히 작은 기업에서 더 그렇다. 회사에 필요한 재능을 갖춘 사람을 채용하면 끝이라는 생각에 교육이나 훈련을 아예 하지 않는 곳도 있다. 하지만 적절한 자리에 적절한 사람이 채용되는 것은 복잡하고 만만치 않은 직장 내 관계의 시작일 뿐이다.

승진에 도움이 되는 코칭

존 B. 라자르는 시카고 외곽에서 버크만 컨설턴트로 일한다. 그는 가끔 빠듯한 시간 내에 경영자 코칭을 맡아달라는 부탁을 받을 때가 있다. 이런 경우에는 버크만 진단이 이상적인 방식이라 그는 생각한다.

시카고 소재 공익 기업의 한 중간 관리자는 많은 가능성을 지닌 인물이었다. 그 여성은 승진 대상에 올랐을 때 짧은 기간이나마 컨설턴트의 도움을 받아야겠다고 생각했다. 그녀는 당시 맡은 업무를 잘 해내고 있었다. 그 여성과 세 명의 부하 직원들은 대개 기술 연구와 고객 담당 업무를 맡았다. 하지만 그녀가 더 높은 자리에 오르려면 의사소통 기술을 향상시켜야 했다. 그는 회의 때 거리낌 없이 질문을 던지고 의견을 제시하는 일에 편안함을 느끼는 경지에 도달하고 싶었다. 또한 규모가 큰 팀을 맡았을 때 권위 있게 팀에 대한 기대를 드러내고 팀 목표를 설정할 수 있는 상사가 되고 싶었다.

권위 요소에서 그 여성의 평소 스타일 점수는 비교적 낮았다(37). 여기서 짐작할 수 있듯 그 여성은 논의하거나 제안하거나 설득하는 방식으로 의사소통하는 것을 편안하게 느꼈다. 하지만 좀 더 단도직입적이고 지시하는 방식도 쓰고 싶었다. 권위 요소에서 그 여성의 욕구 점수는 비교적 높았다(72). 이는 그 여성에게 자신의 전문 지식과 강점을 알아봐주고 인정해주는 지도자가 필요하다는 의미일 수도 있었다. 그런 지도자라면 그 여성이 편안함을 느끼는 영역에서 빠져나와 새로운 경영 방식을 시도하게 도와줄 수 있기 때문이다. 그녀는 그러한 목표를 이루기 위해 존에게 도움을 청했다. 하지만 코칭 모임을 겨우 다섯 번 할 수 있는 시간 밖에 없었다.

버크만 진단 결과를 보면 그 여성은 창의적이고 길게 내다보는 안목을 지녔으며 행동 중심적이었다. 혼자 일하거나 소규모 집단에서 일할 때 편안함을 느끼고 동기부여가 더 잘 되었다. 하지만 수용 요소에서 욕구 점수가 낮은 만큼 회의를 피하는 성향이 있었다. 또한 체계 요소에서 평소 스타일 점수가 낮은 만큼 직원들이 절차가 필요하다고 느낄 수 있는 가능성을 무시하는 경향이 있었다. 사람을 상대할 때는 세심한 태도를 보였고(존중과 공감 요소에서 평소 스타일 점수가 높았다), 사람들과 중요한 문제를 의논할 때는 문제에 집중했다.

존은 우선 버크만 진단을 이용하여 그녀가 새로운 접근법을 가장 빨리 배울 수 있는 방법을 찾았다. 진단 보고서에는 그녀가 말하는 방법과 저지를 수 있는 가장 큰 실수를 다룬 부분이 있는데, 거기에 다음과 같은 제안이 나왔다.

- 적절하게 존중하는 태도를 보여준다.
- 동의하지 않을 때는 솔직하게 말한다.
- 핵심 내용을 먼저 말한 후 반응을 기다렸다가 세부적인 내용을 말한다.
- 불필요하게 순응하도록 만들지 않는다.

존은 진단을 통해 그녀가 독서나 쓰기를 통해 배우는 유형이라는 점도 알게 되었다.

뒤이어 존은 그 여성이 스트레스를 받을 때 어떻게 행동하는지 파악했다. 예를 들어, 그녀는 특정한 상황에서 말을 안 하거나 아예 반대로 고압적이고 공격적인 태도를 보였다.

존은 그 여성에게 직장에서 새로운 행동을 시도해보라고 권했다. 그러니까 직원들이 많은 상황에서 자기 생각을 좀 더 거리낌 없이 말해보라고 했다. 또한 위임받은 업무를 더 효율적으로 해내기 위해 마감일 훨씬 전부터 부하 직원들과 주기적으로 대화를 나눠보라고 말했다. 그 여성은 이 두 가지 목표를 얼마나 잘 달성했는지 스스로 평가하는 시간을 매주 한 번씩 마련했다.

존은 그녀가 현재에 집중하고 자신이 선택한 것을 대담하게 받아들이는 능력을 키우는 데도 도움을 주었다. 그 여성은 일대일 대화를 선호하고 많은 사람들과의 대화는 좋아하지 않았다(존 중 요소에서 평소 스타일 점수가 높고 수용 요소에서 욕구 점수가 낮았다). 그래서 자기 사무실에 앉아서 일하는 것을 편안하게 느꼈다. 존은 주기적으로 개인 사무실 밖으로 나가 직원들에게 도움을 주라고 권했다.

그 여성은 네 번째 코칭 모임에서 대담한 결정을 내렸다. 자신의 버크만 진단 보고서를 상사에게 보여주기로 한 것이다. 그 일은 두 사람이 진지한 대화를 나누는 시발점이 되었다. 그 상사가 이 여성을 어떻게 하면 가장 잘 이끌어줄 수 있고 이 여성에게 어떤 식으로 말하는 게 좋은지 등이 대화의 내용이었다. 두 사람은 버크만 진단 보고서에서 타인이 그 여성에게 저지르기 쉬운 가장 큰 실수, 그 여성이 최고의 성과를 내는 데 필요한 동기부여 요소, 그 여성의 학습 유형이 다루어진 부분을 잘 활용했다.

그녀는 상사와의 대화가 긍정적이고 건설적이었다고 묘사했다. 상사는 부하 직원을 더욱 깊이 이해하였고 그녀는 두 사람이 직업적으로 더 강한 연결고리를 형성했다고 느꼈다. 그 상사는 확신을 품고 그녀에게 더 많은 리더십을 발휘할 수 있는 기회를 주었다. 그녀는 굉장히 기뻐했다.

존은 자신이 맡았던 그 고객이 빠른 발전을 보여 자랑스럽다면서 이렇게 말했다.

"그분이 상사와의 대화에 버크만 진단을 핵심 소재로 만들었다는 점이 굉장하다는 생각이 들었어요. 그분은 그렇게 함으로써 정보를 제공하여 협력을 이끌어냈고, 상사가 자신을 더욱 잘 이끌어줄 방향을 모색했어요."

그 여성은 최고의 성과를 내기 위해 자신에게 직장 안팎에서 필요한 부분과 타인에게 필요한 부분은 다르다는 사실을 인정하게 되었다. 존은 이러한 변화가 가장 중요하다고 말했다. 이는 버크만 방식의 핵심 개념이기도 하다. 존은 이러한 점을 이해하는 유일한 방법은 타인을 이해하고 타인이 자신과 다르다는 사실을 인정하는 것이라고 말했다.

존은 마지막 코칭 모임에 그 여성의 상사를 초대했다. 그리하여 코칭 시간의 일부를 할애하여 두 사람이 지난 두 달 동안 일어난 변화에 대해 대화를 나누게 해주었다. 상사는 그녀가 회의 때 거리낌 없이 말하고 자기 의견을 잘 제시하며 다른 직원들을 대화에 끌어들이는 질문을 곧잘 던진다고 말했다. 그녀는 자신이 부하 직원들과 예전과 다른 방식으로 일하게 되었다고 확신했다. 그리고 새로운 접근법을 시도함으로써 겪게 된 변화들을 인정했다. 새로운 습관이 온전한 일상이 되기까지 시간이 걸리겠지만 전반적으로 직장에서 사람들과의 관계가 더 좋아졌다는 말도 했다.

마지막 코칭 모임이 끝나갈 무렵 그 상사는 다음 달에 그 여성의 승진을 발표하겠다는 말을 했다.

신임 관리자

미국 동해안 지역에 있는 한 대기업의 신임 관리자 한 사람은 화학 공학 기술자와 연구실 기술자 열두 명을 책임지게 되었다. 40대 초반인 그 관리자는 그동안 간부직을 맡아왔으며, 과학자는 아니었지만 마케팅과 영업 분야에서 탄탄한 기반을 쌓은 인물이었다. 그는 윗사람들과 인맥을 형성하는 데 탁월한 소질이 있어서 상급자들 사이에선 인정을 받았지만, 부하 직원들을 이끄는 방법을 배운 적도 없고 그럴 기회도 없었다. 사실 이런 일은 흔히 발생한다.

고위 경영진은 그가 무뚝뚝하고 감정 표현이 없으면서 이따금 반항적인 태도를 보이는 것으로 유명한 연구팀을 이끌 자격이 있다고 생각했다. 하지만 이 관리자와 직원들 사이에 곧바로 심각한 갈등이 발생했다. 직원들은 신임 관리자를 신뢰하지 못했다. 그를 영업직 출신으로 과학 분야에 문외한이라 여겨 무시했다.

경영진은 컨설턴트 제니스 버그스트레서에게 도움을 청했다. 이 신임 관리자의 의사소통 능력을 키우고 팀원들도 서로 협력하는 분위기를 만들 수 있게 해달라고 부탁했다. 이 여성 컨설턴트는 신임 관리자가 시달리고 있다는 사실을 발견했다.

"공학자들은 칭찬에 인색해요. 분석을 좋아하고 대상을 해체하여 그것의 작동 원리를 알아보는 걸 좋아하죠. 하지만 신임 관리자는 그들이 하는 말을 비난의 말로 받아들였어요."

이 신임 관리자는 아주 전형적인 그린 유형이었고 권위 요소에서 평소 스타일 점수가 높았다. 말을 많이 했고 단도직입적이었으며 입증 가능한 사실을 좋아했다. 하지만 도전 요소의 점수가 낮았고 남의 비판을 받아들이지 못했다. 공감 요소에서 욕구 점수가 높았지만 현실에선 직원들의 공감을 얻지 못했다. 직원들이 그와 계속 거리를 두었기 때문이다.

그는 직원들의 부정적인 반응에 맞닥뜨렸을 때를 대비하여 그의 성공과 관련한 문서들을 철해두었다. 그리하여 무기력해지거나 유난히 인정받지 못한다고 느낄 때 그 서류철을 들여다보았다. 그 서류철에는 그가 회사에 다니는 동안 모은 기분 좋아지는 자료들이 담겨 있었다. 가령, 그가 낸 최고의 성과를 다룬 기사와 칭찬의 편지 등이었다.

그 관리자는 버크만 진단 결과 스스로는 타인과의 의사소통에서 단도직입적이었지만 타인의 세심한 배려에 대한 욕구가 강한 것으로 나타났다. 또한 의사결정을 재빨리 내리면서도 한참 후에 그 결정을 숙고하는 것으로 나타났다. 그는 겉으로는 느긋하고 외향적인 사람으로 보였다. 하지만 타인의 비판을 자신을 향한 모욕으로 받아들였고 그 사람이 항상 그런 태도를 보인다고 판단했다. 그는 버크만 진단에서 자기감정을 표현하는 능력에서도 점수가 낮은 것으로 나타났다. 반면 여러 가지 분명한 강점도 지니고 있었다. 가장 큰 강점은 강한 그린 유형으로 상대방의 마음을 움직이고 설득하는 일을 잘할 수 있다는 점이었다. 사실 그동안 그는 어떤 문제가 닥치든 자기가 맡은 팀을 위해 협상하는 일을 잘해냈다.

제니스는 그 팀원들 사이에 신뢰가 형성되어 있지 않았기 때문에 팀원 각자에게 버크만식 피드백을 해주었다. 팀원들은 버크만 진단을 받고서 그 결과지를 보았고, 그러면서 버크만 프로젝트를 이해하게 되었다. 그 후에 제니스는 팀원들에게 각자의 자료를 공유해보라고 권했다. 서로 신뢰를 형성하기 위해서였다. 제니스는 정보에 대한 팀원들의 반응을 측정했다. 그러면서 팀의 강점과 취약점을 지적했고 특정한 목표를 달성하는 데 팀이 어떤 기능을 하는지 지적했다. 또한 팀원들에게 상사와 관련한 질문을 해보라고 유도했다.

제니스는 새로운 관리자를 따로 코칭했다. 제니스는 코칭 첫 단계로 관리자가 팀에 대해 품고 있는 가정과 생각하고 있는 향후 전략을 검토해보고, 그러한 가정과 생각을 바꿔보게 했다. 그 관리자가 새로운 경영 방식들을 체득하게 하는 일이 제니스의 목표였다. 제니스는 그에게 다음과 같은 내용을 제안했다.

- 적어도 회의가 열리기 전날 완벽한 의제를 제시해준다. 그래야 의제를 검토하는 직원들이 내용을 제대로 파악하고 동료들과 논의를 할 수 있다.
- 회의 때 팀원들이 어떤 논쟁점에도 당황하지 않게 팀원들에

게 많은 자료를 제공한다.

- 의견 일치가 되는 것을 기다리고 재빠른 동의를 기대하지 않는다.
- '직원들은 아이디어를 분석하는 것이지 나를 공격하는 것이 아니다'라고 생각한다.

적용

- 심도 깊은 분석과 조사는 직속 부하에게 위임하여 업무 부담을 덜고 본인은 최종 승인만 내린다.
- 예정된 회의에 대해 이메일로 미리 질문을 해둔다. 그래야 회의 초기에 계속 이어지는 분석 발표를 들을 때 지루함을 느끼지 않는다.
- 버크만 그룹 보고서에 나온 자신과 각 직원들 사이의 '주시해야 할 차이점' 부분을 자세히 읽는다. 그래야 직원들을 모두 똑같이 취급하지 않고 각각 고유한 개인으로 대하게 된다.

제니스는 직원들과 그 관리자가 서로 대면한 자리에서 '주의를 기울여야 할 각자의 차이점'을 주제로 대화를 나누게 하였다. 이 자리에 지원한 직원들은 전체의 절반 정도였다. 모두 자신의 진단 보고서에 익숙해진 터라 일부 결과를 공유하는 것을 편안하게 생각했다. 제니스는 모두가 참여하는 모임을 두 번 열었다. 그 모임에서 모두가 각자의 강점과 취약점을 이야기하고, 그들의 비슷한 점과 차이점이 팀의 목표를 달성하는 데 어떤 역할을 할지 대화를 나눴다.

그 과정에서 팀원들은 신임 관리자가 자신들의 재능을 보완해 준다는 점을 깨달았다. 신임 관리자에게 경영진과 편안하게 의사소통을 하는 능력이 있었기에 그 팀 전체의 평판뿐만 아니라 개별 팀원들의 평판을 높일 수 있었다. 그들은 경영진의 인정을 예전보다 더 많이 받았다. 예산뿐만 아니라 여러 가지 요구 사항도 승인을 더 자주 받았다. 신임 관리자는 그들의 예전 관리자와 그들에게 부족한 협상 기술을 갖추고 있었다. 서로의 차이와 공동의 목표를 이해하자 신임 관리자와 직원들이 곧바로 화합하는 분위기가 되었다.

제8장

당신은 원하는 것을 얻으려 애쓰는가?

당신은 뭔가를 차지해야 할 필요성을 얼마나 간절하게 느끼는가? 당신이 얻으려 노력하는 것은 무엇인가? 명성인가? 돈인가? 지위인가? 이 세상을 더 나은 곳으로 만드는 일인가?

이러한 질문에 솔직하게 대답하기란 늘 쉽지 않다. 상대방이 여기에 대한 당신의 대답을 듣고 당신이 어떤 유형의 사람인지 추측하기 때문이다. 이는 특히 개인이 추구해야 할 보상이 엄격하게 정해져 있어서 개인의 이득만 얻으려 애쓸 때 탐탁지 않게 여기는 가정이나 문화에서 자랐다면 더 그렇다.

당신은 버크만 진단을 통해 편협한 판단이 개입되지 않은 당신의 진짜 보상 동기가 무엇인지 알게 된다. 이는 '이익에 대한 욕구'로 불린다. 이 요소의 진단 결과는 보상에 대한 기대를 나타내는 스펙트럼 위에 표시된다. 이 결과는 타인이 정해준 기준에 따른 보상이 아니라 당신이 정말로 원하는 보상 동기를 아는 데 도움이 된다. 또한 경쟁에서 이기거나 지위, 특전, 보상을 획득하고 싶은 경쟁적 욕구가 얼마나 강한가를 나타내기도 한다.

동기부여에 대한 논의를 할 때 관계 요소에서 이익과 활동 점수를 한 쌍으로 묶어 생각하면 유용하다. 활동 요소는 업무에서 몸을 움직이는 정도를 측정하는 한 방법이며, 돌아다니는 일을 즐기는 정도를 말한다. 자신이 하루 근무 시간 내내(아니면 평생 일하는 기간 내내!) 책상에 앉아 일하는 것이 편한지, 아니면 일상 업무에 신체 활동이 포함되어야 성취감을 느끼는지 판단하는 일은 중요하다.

고용주가 이익과 활동 요소의 점수를 이해하면 직원들에게 성과급을 지급하는 가장 효율적인 방식과 직원들이 일에 계속 몰두하게 만드는 가장 좋은 방식을 선택하기가 수월해진다. 영업팀이 목표를 달성했을 때 그 보상으로 전세기를 빌려 팀원 전체를 하와이에 보내주는 것이 좋은가? 아니면 각 개인별로 보상하는 것이 좋은가?

이익 요소에서 욕구 점수가 낮은 직원들은 모두에게 이득이 되는 보상을 기대하며 일하는 성향이 있기 때문에 전자를 선호한다. 그들은 동료 직원을 제치고 포상을 받는 일에 불편한 기분을 느낀다. 그들은 동료들과 비슷한 임금을 받고 싶어 한다. 고용주에게 금전적 보상과 급료 이외의 특전에 대한 요구를 별로 하지 않는다. 그들은 "제가 일 잘하는 걸 보면 제게 보상을 해주어야겠다고 고용주 스스로 느끼지 않을까요. 제가 애써 요구할 필요는 없는 것 같아요"라는 식으로 말한다. 그들은 정당한 보상을 요구하라고 동료들에게 등 떠밀리기도 한다. 그래서 혹자는 그들을 이상주의자들이라고 묘사한다.

이익 요소에서 욕구 점수가 높은 직원들은 실질적인 보상 체계가 존재해야 동기부여가 된다. 그들은 자신이 얼마나 보상을 받느냐에 따라 자신의 가치를 다르게 느낀다. 또한 요구하는 사항에 대한 간절함이 이익 요소의 욕구가 낮은 동료들보다 더 강하다. 그들은 급료, 수당, 직함을 중요하게 여긴다. 하지만 파이의 가장 큰 몫을 원하는 사람들은 이러한 세 가지도 충분하지 못하다고 느낀다. 이런 사람들은 "이건 공동의 성과이기보다 저의 성과입니다. 제가 쏟은 특별한 노력에 특별한 보상은 없는 건가요?"라는 식으로 말한다. 그들을 너무 이기적이고 자기 방어적이라고 생각하는 사람들도 있다.

이익 요소의 스펙트럼에서 어느 위치에 있는 사람이든 효율적으로 일하고 성공을 거둘 수 있다. 개인의 관점에서나 리더십 관점에서나 중요한 사실은 명성과 성과급에 대한 사람들의 반응은 각기 다르다는 점을 이해하는 일이다.

: 부드러운 판매 방식

호르헤 라라는 멕시코시티에 있는 프로페셔널 러닝 파트너스
Professional Learning Partners에서 일하는 컨설턴트다. 호르헤는 미국
에 본사를 둔 큰 제약회사의 멕시코시티 지사장을 컨설팅했다.
그 사장은 한 참모와 자신의 이익 요소 점수가 다르다는 점을 간
과하고 있었다. 그 참모는 회사를 대표하여 약국 체인 업체에 대
량 판매를 하기 위해 힘든 협상을 이끌어가고 있었다. 사장은 참
모가 협상의 진척 정도를 알려줄 때마다 너무 온화하게 설득하
는 판매 방식 때문에 성과가 저조하다는 생각을 했다. 사장은 호
르헤에게 "참모가 단호하지도 않고 열정도 부족해요"라고 불평
을 털어놓았다.

  하지만 호르헤는 성과가 아니라 관점의 차이에서 문제가 비롯
되었다고 보았기에 두 사람에게 버크만 진단을 받게 했다. 아니
나 다를까 이익 요소의 욕구 점수에서 사장은 87로 높게 나온 반
면 참모는 14로 나왔다. 호르헤는 그 참모가 소심한 것이 아니라
'어떤 상황에서도 이기는 것'에 관심이 없었을 뿐이라고 말했다.
그는 대승을 거두기보다 모두가 수용할 만한 해결안을 찾는 데
목표를 두었다.

  사장은 그러한 관점을 이해하자 그 부하 직원을 더는 실패자
로 생각하지 않았다. 강경한 상대팀을 대해야 하는 협상팀이라면
그런 식으로 접근하는 것이 더 바람직하겠다는 판단을 내렸다.

그래서 그 참모에게 그의 전략을 유지하게 했다.

'계속 동기부여가 되려면 무엇이 필요한가?'라는 질문에 간단히 대답할 수 있는 것은 아니다. 그리고 자신이 어떤 일에 모든 것을 쏟아붓게 하는 조건이 무엇인지 인정하기란 대개 쉽지 않은 일이다. 캐나다 밴쿠버에서 컨설턴트로 일하는 조나단 마이클은 자신의 버크만 진단 결과를 처음 보았을 때 이익 요소 점수를 인정하기가 쉽지 않았다면서 이렇게 말했다.

"저는 신앙심 깊은 집안에서 자랐기 때문에 자기 생각만 하면 안 되고 이기적인 사람이 되면 안 된다는 말을 자주 들었어요."

이익 요소에서 조나단의 평소 스타일 점수는 낮지만 욕구 점수는 99였다. 조나단은 그때 충격을 받았다. 하지만 지금은 "전 매우 경쟁적인 사람입니다"라며 기분 좋게 인정한다. 조나단은 버크만 진단 보고서를 받은 후 한 대학에 들어가 비영리단체 경영학을 공부했다. 그때 자신에게 한 가지 목표가 있다는 점을 스스로 인정했다. 바로 그 학교에서 최우수 학업상을 받는 일이었다. 조나단은 그 상뿐만 아니라 여러 상을 받았다면서 이렇게 말했다.

"버크만 진단 결과 때문에 전심으로 그 목표를 향해 나갔어요. 보상을 바라는 것에 더는 죄책감을 느끼지 않았지요. 예전의 저는 절대 봉급 협상을 하지 않았지만 이제는 합니다."

지난 몇 년 동안 다양한 스포츠팀의 팀원들에게 도움을 준 버크만 컨설턴트들이 많다. 야구와 농구, 축구에 이르는 다양한 팀원들을 접하면서 그들은 어떤 사실을 발견했다. 그러니까 선수들은 공통적으로 이익 요소에서 욕구 점수가 놀라울 정도로 낮은 성향이 있다는 점이다. 이는 아무리 최고의 연봉을 받고 최고의 성과를 내고 경쟁심이 강한 선수라 해도 마찬가지다. 쉽게 예상되듯 그들은 활동 요소 점수가 굉장히 높았다. 하지만 이익 요소에서 욕구 점수가 낮은 이유를 들여다보면 그들은 자기 자신을 위해서가 아니라 팀을 위해 이겨야 한다는 생각을 하고 있었다.

: 앉아 일하기를 좋아하나요?

버크만 진단을 통해 큰 상을 받거나 많은 사람의 칭찬을 받는 일이 당신에게 얼마나 큰 동기부여 요소가 되는지 알게 된다. 뿐만 아니라 당신이 신체적으로 편안함을 느끼기 위해 무엇을 원하는지도 알게 된다. 버크만 진단에서 이 요소는 당신이 하루 동안 어느 정도의 움직임을 원하는지를 나타낸다. 활동 요소 점수를 보면 당신이 상당한 육체 활동이 수반되는 일을 해야 할 필요성을 얼마나 느끼는지와 에너지를 발산하기 위한 육체 활동을 얼마나 원하는가를 알 수 있다.

이를 쉽게 말하자면 이렇다. 활동 요소 점수가 높은 사람은 설령 사무적인 일을 하더라도 가능한 한 자주 책상에서 일어나 여기저기 다닐 가능성이 높다. 이런 사람은 세 가지 일을 처리할 때 복도에 세 번 들락거리기 쉽다. 반면 활동 요소 점수가 낮은 사람은 활동 에너지를 발산하지 않고 책상에 오래 붙어 있는 일을 잘한다. 이런 사람은 여러 가지 업무를 한데 모아서 복도에 한 번 다녀오는 것으로 일을 해결할 가능성이 높다.

버크만 진단은 당신과 당신의 고용주가 당신의 에너지를 어떻게 최대한 활용할지 파악하는 데 도움이 된다. 육체적 활동의 욕구 정도를 측정하는 것은 그 방법 가운데 한 가지다. 당신은 활동 에너지를 발산하지 않아도 되는가? 아니면 장시간 컴퓨터만 들여다보며 일할 때 생기는 근질근질한 기분을 없애기 위해 하루에 몇 번씩 에너지를 방출해야 하는가? 누군가에게는 점심 식사 그 자체보다 식사를 하러 걸어가는 일이 더 유익할 수 있다. 아침 운동 시간에 번뜩이는 생각이 떠오른다고 말하는 경영자들이 많다.

반면 버크만 진단에서 말하는 활동 요소는 체육관에서 하는 운동을 뜻하는 것이 아니다. 사실 활동 요소 점수가 낮은 사람들 가운데 부지런하게 운동을 하는 사람들도 많다. 여기서 말하는 활동 요소란 마음이 편안해지고 일을 잘하기 위해 하루 일과 중 신체 에너지를 주기적으로 방출해야 하는 정도를 말한다.

11가지 관계 요소들이 다 그렇듯, 활동 요소를 나타내는 스펙트럼에서 어디쯤 위치하든 다 이점이 있다. 하지만 각각의 욕구 점수는 그 이면에 숨겨진 잠재적 함정을 나타내기도 한다. 스펙트럼에 표시되는 두 가지 행동 유형은 각각 장점이 있지만 통제되지 못할 때 문제가 발생할 수 있기 때문이다.

: 생각지 못한 요인

피터 케이포다이스는 플로리다 주 사라소타에서 일하는 컨설턴트다. 피터는 최근에 시카고에 본사를 둔 신생 드라이클리닝 가맹점 업체에서 마케팅 부장을 구할 때 도움을 주었다. 그 과정에서 활동 요소 점수가 생각지 못하게 중요한 요인이라는 점을 알게 되었다. 그 업체는 시디 원 프라이스 클리너스CD One Price Cleaners로, 이 업체의 최고운영책임자 마이클 코라오는 "저희 같은 중소 업체에서 마케팅 부장은 아주 중요한 인물입니다"라고 말했다.

이 업체는 몇 달 사이 마케팅 부장을 두 번 채용했지만 두 사람 모두 그만두었다. 첫째 채용자가 일한 기간은 열두 달이고 둘째 채용자가 일한 기간은 그보다 더 짧았다. 잘못된 채용 때문에 봉급과 수당으로 수십만 달러의 실제 비용이 들었을 뿐만 아니라 시간 낭비와 스트레스라는 무형의 비용도 발생했다. 고위 경영진은 채용된 사람들이 오래 버티지 못하는 이유를 알지 못했다. 그래서 피터는 최고경영자와 고위 경영진 네 사람에게 버크만 진단을 받게 하였다. 그들이 다시 채용을 시도하기 전에 서로 터놓고 대화할 수 있도록 돕기 위해서였다.

고위 경영진 네 사람에게는 특징이 있었다. 대체로 활동 요소 점수가 높다는 점이었다. 그들의 활동 요소 점수에서 가장 낮은 점수는 66이었고 평균 점수는 76이었다. 그 경영진은 의사결정을 내릴 때 본질을 중시하며 생각을 깊게 하지만 일단 결정을 내리면 발 빠르게 움직였다. 피터는 그들의 높은 활동 점수가 이러한 능력의 한 원인이라고 판단했다. 그 당시에는 회사에 그들의 활동적 접근법이 필요했다. 그 업체가 특히 경쟁이 심한 드라이클리닝 시장에서 공격적 마케팅으로 밀고 나가려 했기 때문이다.

피터는 자신은 보통 경영진이 자신들과 비슷한 사람을 너무 많이 채용하는 것을 말리는 편이라고 했다. 하지만 신입사원은, 특히 직속상관들과 자신의 차이점이 너무 크면 좋은 성과를 내지 못할 가능성이 크다는 이론에도 동의한다고 말했다. 피터는 그 경영진에게 이렇게 말했다.

"물론 여러분이 변화를 원하기 때문에 여러분과 다른 사람을 원한다는 건 저도 압니다. 하지만 석 달도 채 못 되어 제게 다시 도움을 청하는 상황은 원치 않아요. 너무 많은 차이점은 생산성과 조직력의 저하로 이어질 수 있습니다."

피터는 고위 경영진의 도움을 받아 그 업체의 업무들을 버크만 진단의 관계 요소와 흥미 분야와 연결지어 도식화하는 작업을 했다. 이렇게 하자 경영진은 자신의 버크만 진단 결과를 그 업체의 기업 문화와 연결해서 생각할 수 있었다. 그 업체의 기업 문화 가운데 한 가지는 구성원의 활동 요소 점수가 높다는 점이었다. 피터는 전반적인 기업 문화에 잘 맞으면서도 조직에 이미 존재하는 특성을 보완해줄 능력을 지닌 사람을 뽑는다는 전략을 세웠다.

경영진은 수차례의 면접을 거쳐 지원자를 추렸고 최종 후보를 세 명으로 압축했다. 뒤이어 세 사람을 전반적으로 다시 검토하기 위해 그들에게 버크만 진단을 받게 했다. 그리고서 최종 면접을 심층적으로 실시했다. 마이클은 "심층 면접을 하는 동안 후보자와 경영진 사이의 차이점이 무엇일까 알아보는 일이 흥미로웠어요"라고 말했다.

피터는 이런 말을 했다.

"경영진이 최종 선택한 사람은 활동 요소에서 욕구 점수가 경영진만큼은 아니어도 비교적 높은 편이었어요. 일단은 적절한 사람을 뽑았다는 신호들이 초반에 나타났지요."

그 이후에 피터는 채용된 사람을 코칭하여 그가 경영진과 협력해서 좋은 성과를 내는 데 도움을 주었다.

: 의미 있는 직업

애틀랜타에 있는 한 자산관리회사의 사장은 영업과 마케팅 담당 관리자가 버크만 진단을 받아보기를 원했다. 그 여성이 업무에서 이렇다 할 성과를 내지 못했기 때문이다. 회사의 경영진은 그 관리자가 영업사원에 대해 좋지 않은 인식을 품고 있다는 사실을 알았다. 컨설턴트 스티브 콘월은 그 여성이 "영업 담당자는 마치 중고차 영업사원 같아요"라고 했던 말을 떠올렸다. 그 회사 내에 있는 그 누구도 그녀에게 조언을 해줄 수 없었다.

스티브는 그 여성의 이익 요소 점수를 살펴본 결과 욕구 점수가 높다는 사실을 발견했다. 이는 그 여성이 잘한 일에 인정을 받고 싶어 한다는 의미다. 그 여성은 흥미 분야에서 사회복지 점수와(99) 설득 점수(92)가 아주 높게 나왔다. 스티브는 이렇게 말했다.

"그러므로 그분이 진정으로 자기 일을 즐기려면 자신이 하는 영업 일이 타인에게 도움을 주는 일이기도 하다는 점을 알아야 했어요."

그 여성은 자신이 한 일에 적절한 인정을 받지 못했고, 더구나 그 일이 사람들에게 도움이 되는 일이라는 사실을 이해하지 못했기 때문에 자기 일을 부정적으로 생각한 것이다. 사장은 그 여성의 버크만 진단 점수를 이해하자 그녀의 욕구를 만족시키고 동기부여를 더 잘해줄 방법을 깨달았다. 사장은 그 여성이 일을 잘해내면 곧바로 인정을 해주었다. 또한 영업은 단순한 판촉 활동만이 아니라 서비스가 필요한 사람에게 도움을 주는 일이기도 하다고 설명해주었다. 이런 식으로 그 여성의 역할을 바라보는 시각을 다른 관점에서 제시해주자 효과가 있었다. 그 여성은 그러한 시각을 받아들였고 자신이 이끄는 영업팀에 더 긍정적이고 자신감 있는 태도를 보였다. 사장은 버크만 진단과 이후에 이루어진 영업 코칭 모임 덕분에 불과 몇 달 사이에 회사의 성과가 상당히 올라갔다고 스티브에게 말했다.

: 실적 최고의 영업사원

데이브 아젠다는 미국에서 가장 규모가 큰 모기지(취득 주택을 담보로 융자를 제공하는 제도-옮긴이) 금융기관에서 상무로 일할 때 버크만 진단을 처음 접했다. 회계부 직원들 가운데 실적에서 상위 10퍼센트에 속하는 직원들의 특징을 살펴보고 싶어서였다. 그는 신입사원을 뽑을 때 이 자료를 기준으로 삼으려 했다. 이후 데이브는 본인이 버크만 진단을 받았고 그 결과를 컨설턴트와 검토했다. 데이브는 이렇게 말했다.

"아주 창피했어요. 전 평소에 최고의 실적을 내고 경쟁력 있는 영업 담당 임원이라면 어떠해야 한다는 고정관념을 갖고 있었는데, 제가 그 틀에 맞지 않더라고요!"

데이브는 존중 요소의 점수가 높게 나왔다. 데이브는 평소에 자신을 강인한 영업 담당자로 생각했다. 그런데 그 점수를 보자 자신이 품었던 이미지에 비춰볼 때 실제 자신이 너무 세심한 사람으로 보였다. 생활양식도해에서 그의 평소 스타일은 대개 영업직과 더 관련이 있는 레드나 그린 분면이 아니라 블루 분면에 위치했다. 또한 이익 요소에서 평소 스타일과 욕구 점수가 서로 다른 경향을 보였다. 그러니까 실제로는 개인 성과별 보상을 추구했지만 속으로는 팀 성과에 근거한 평가 방식을 원했다는 말이다. 물론 자신이 아주 뛰어난 성과를 내서 인정받고 싶을 때는 예외였다. 이럴 때는 자신의 진정한 기여도가 묻혀버리는 것을 원하지 않았다. "전 모두가 자기 역할을 다 한다면 팀을 위해 일하는 게 좋아요. 제가 이래 봬도 이타적 가치관을 갖고 있거든요. 그런데 수수료 영업 문화에선 그런 관점을 항상 적용할 수 있는 건 아니더라고요."

데이브는 스스로 단점이라 생각했던 부분이 사실은 장점이었음을 얼마 후 깨달았다. 컨설턴트 클레어 캐리슨이 데이브에게 다음의 사실을 알게 해주었기 때문이다. 데이브가 많은 직원을 상대하면서도 각 직원에게 적절한 성과급을 주는 방법을 알고 있다는 바로 그 점 때문에 그가 유능한 관리자라는 사실을 말이다. 데이브는 어떤 발상을 직원들에게 밀어붙이지 않고 믿게 만들었다. 이것이 그가 직원들을 효과적으로 이끄는 방식이었다. 데이브는 클레어의 조언을 잘 활용하여 모기지 금융기관에서 경력을 성공적으로 쌓았고 이후에 경영 컨설팅회사 두 곳을 공동 창업했다.

결국 버크만 컨설턴트가 된 데이브는 이런 말을 했다.

"저는 감성지능이 높은 사람인데 버크만 진단을 받기 전까지는 이 사실을 몰랐어요. 그건 마치 녹음기에서 흘러나오는 자신의 목소리를 처음 듣거나 비디오테이프를 통해 자기 모습을 처음 보는 일과 같아요."

: 평판 경쟁

미국의 한 대학은 한 남학생 동아리 때문에 골머리를 앓았다. 그 동아리 회원들이 항상 통제 불능의 파티를 열어 문제를 일으켰고 학칙을 수도 없이 어겼기 때문이다. 한동안 근신 처분을 받았던 동아리 학생들은 이제 퇴학당할 처지에 놓였다. 그때 애틀랜타의 윌슨 윙에게 도움을 달라는 요청이 왔다. 이 컨설턴트는 동아리 회원 46명에게 버크만 진단을 받게 했다.

그들의 진단 결과에서 가장 눈에 띄는 부분은 이익 요소에서 그들의 점수가 전반적으로 높았다는 점이다. 이는 그들이 개인적으로 얻는 것이 있을 때 행동한다는 의미였다. 결국 그들은 어찌나 경쟁심이 강한지 악동 중에서도 최고가 되기를 원했던 것이다! 윌슨은 이런 말을 했다.

"사람은 누구나 경쟁심이 있어요. 그 대상이 과거의 자신이든 타인이든지 간에 말입니다."

윌슨은 그들이 받는 보상의 초점을 새롭게 해야 한다고 판단했다. 그들의 나이에선 사람들이 자신을 알아봐주고 인정해주는 것이 가장 좋은 보상이다. 윌슨은 이렇게 말했다.

"대학 캠퍼스에서 이익 요소는 오롯이 평판과 관련이 있어요. 여기서 평판은 또래뿐만 아니라 학교 측에서 자신을 최고로 인정해주는 걸 말해요."

윌슨은 동아리 회원들을 설득했다. 그들이 높은 경쟁심을 좋은 일을 하는 데(모두 활동 요소에서 욕구 점수가 높은 편이었다) 발휘하면 주목과 인정을 더 받을 거라고 말해주었다. 그러면 사람들의 존중을 받고 표적을 남긴 사람으로 인식될 거라는 말도 해주었다. 윌슨은 "학생들이 제 설득을 받아들였어요"라고 말했다.

학생들은 시간이 갈수록 학내 활동과 지역 봉사 활동에 많이 참여했다. 여전히 파티를 많이 열었지만 도를 넘지 않았다. 얼마 후 그들이 하는 좋은 활동은 점점 이목을 받았다. 심지어 그들이 여는 파티도 교내에서 최고로 손꼽히는 파티가 되었다. 그들은 학생들과 대학 행정실의 칭찬을 받기 시작했다. 2년이 지난 후 그들은 여전히 남학생 동아리를 어떻게 운영해야 하는가를 보여주는 좋은 본보기로 여겨지고 있다. 윌슨은 대학 측이 이익 요소에서 학생들의 높은 욕구를 인정하여 학생들에게 해주어야 할 바람직한 보상을 판단하는 데 도움을 주었다.

다양성

개인은 복잡한 존재이며 개인마다 중요한 강점을 지니고 있다. 그리고 이러한 강점은 어떤 직장에서도 큰 가치를 발휘할 수 있다. 이것이 버크만 프로젝트의 철학이다. 조금 더 거시적인 관점으로 보면 우리는 버크만 프로젝트를 이해함으로써 타인의 가치를 인정하는 법을 배우고, 조직의 강점은 다양한 강점들을 지닌 구성원들에게서 나온다는 사실을 알게 된다.

이러한 철학은 다양성의 추구와 맥락이 같다. 대부분의 대기업에서는 성, 인종, 종교, 경험, 나이, 개인의 여러 목표 등을 포함하는 광범위한 관점으로 다양성을 추구한다. 사람들이 개인을 면밀히 들여다보지 않고 첫눈에 대략적인 판단을 할 때 더 광범위한 다양성을 추구하려는 노력은 좌절된다. 버크만 진단은 사람들로 하여금 개인에게 동기를 부여하는 요소가 무엇인지 들여다보고 직장에서 어떻게 서로 조화를 이룰 것인지 깊이 생각하게 만든다.

개인에 대한 이해

〈포춘〉 선정 500대 식품회사의 '다양성과 리더십 계발팀' 위원장은 버크만 진단이 자사의 다양성을 향한 노력을 향상시켜준 가치 있는 도구라고 말했다. 그 여성은 이렇게 말했다.

"우리는 다양성의 여러 층에 대한 이야기를 나눕니다. 우리가 어떤 사람을 볼 때 맨 처음 보는 것은 피부가 하얀지 검은지, 남자인지 여자인지, 젊은지 늙었는지 따위입니다. 하지만 그런 걸로 업무가 완성되거나 평가되는 건 아니지요. 사람들은 버크만 진단을 통해 서로의 공통점뿐만 아니라 차이점도 염두에 두면서 동료들과 관계를 맺게 됩니다. 가령 '저 사람은 혼자 일하는 걸 좋아하지', '난 사람들과 함께 일하는 걸 좋아해'라고 판단할 수 있게 되는 거죠. 또한 버크만의 방식을 이해하면 색깔을 레드, 블루, 옐로우, 그린이라는 차원으로 생각하게 되고 각 색깔의 특징이 업무 과정에 기여하는 부분을 인식하게 됩니다. 이 모든 유형이 다 가치가 있다는 사실을 알게 되기 때문에 빠른 시간 내에 사람들을 깊이 신뢰하게 되지요. 그 결과 다음 단계로 도약할 수 있게 되는 겁니다."

그 여성은 직원들이 버크만식 포괄적 사고를 하기 시작했다면서 이렇게 덧붙였다.

"저희 회사에서는 '변화가 아닌 아우르기' 접근법을 씁니다. 그러니까 현재의 자신을 변화시키는 것이 아니라 자신과 많이 다른 사람들과 조화롭게 일할 수 있는 다양한 관점과 기술을 체득하는 것이죠. 우리는 이렇게 아우르는 방식을 아주 가치 있게 생각합니다. 그렇기 때문에 업무팀들이 다양성을 발휘하고 있으며 혁신과 문제 해결이 빠르게 이루어지고 있습니다."

패티 코벳 한센은 이 회사에 큰 도움을 준 컨설턴트다. 한센은 다양성과 리더십 계발팀이 평가를 가장 효율적으로 할 수 있는 구조로 직원들을 다양하게 구성하는 데 도움을 주었다. 이 팀의 위원장은 이렇게 말했다.

"이러한 유형의 리더십 계발팀은 조직에 긍정적인 영향을 주고 직원의 상당수가 성공을 거두는 문화를 일구어가고 있습니다."

버크만 프로젝트가 적용된 여러 사례에서 알 수 있듯 복잡한 문제를 해결하는 한 가지 쉬운 해결책이란 없다. 앞서 나온 회사의 인사부에 있는 다양성과 리더십 계발팀의 위원장은 팀원들이 한 관리자와 충돌하면서 문제가 발생했던 때를 떠올렸다. 그들은 이것을 다양성에서 비롯된 문제로 보았다. 그 관리자가 외국인이기 때문에 권위를 행사하는 방식이 그들과 다르다고 믿었기 때문이다. 하지만 버크만 진단 결과를 보고 나서 그 관리자가 거칠게 보였던 이유를 이해했다. 그리고 그 관리자의 버크만 진단 결과가 자신들과 비슷한 부분도 많다는 사실을 알게 되었다. 그는 존중과 수용 요소에서 평소 스타일 점수가 낮지만 욕구 점수가 높았다. 그러니까 직원들에게 우호적으로 대하지 않았지만 자신은 그런 대우를 받는 것을 참지 못한다는 의미다. 그 위원장은 이렇게 말했다.

"문제의 원인과 해결 방법이 보였어요. 버크만 진단은 모든 개인이 얼마나 복잡한 존재인지 보여주죠. 우리가 고정관념을 갖고 있으면 그 사실을 간과하게 돼요. 어떤 사람이 문제 행동을 하지 않게 만드는 방법은 대개 그 사람의 욕구를 만족시켜주는 것입니다. 우리는 상대방과 원활하게 지내고 그 사람을 이해하려면 진실로 개개인이 어떤 존재인지 알아야 합니다."

문제의 진짜 원인

워싱턴 주 켄트에서 컨설턴트로 일하는 베로즈 페렐은 앞서 나온 사례에 깊이 공감할 것이다. 베로즈는 비영리 단체에서 문화적 충돌로 보이는 문제를 해결하는 데 버크만 진단을 이용했다. 갈등은 두 직원 사이에 발생했는데 점점 조직 전체에까지 지장을 주었다. 베로즈는 이렇게 말했다.

"그 두 사람과 각각 마주 앉았을 때 두 사람이 너무 다르다는 인상을 받았어요. 한 명은 미국 출신 여성이고 한 명은 아시아 출신 여성이었어요. 흥미로운 사실은 두 여성의 유형이 분명히 다르지만 갈등을 일으키는 요인은 두 사람 사이에 존재하는 유사점이었어요. 두 사람은 존중 요소와 공감 요소에서 욕구 점수가 똑같이 높았어요. 둘 다 아주 세심한 사람들인데 서로 다른 방식으로 욕구를 충족시키려 했던 거죠."

처음에는 인종 차이 때문에 갈등이 발생한다고 생각했다. 하지만 실은 욕구와 업무 스타일이 서로 다른 두 사람 사이에서 발생하는 일반적인 갈등이었다. 미국인 여성은 평소에 당당하고 자신감 넘쳐 보이게 행동했다. 하지만 스트레스를 받으면 타인을 비난하는 경향이 있었다. 동양인 여성은 혼자 이리저리 예측해서 사람과 일에 대해 필요 이상으로 책임을 짊어지는 경향이 있었다. 베로즈는 이런 말을 했다.

"두 사람은 이러한 차이 때문에 의견이 일치하지 못하고 자신과 다른 상대방 스타일에 늘 신경이 거슬렸던 거예요."

버크만 진단을 통해 정형화된 이미지 이면에 존재하는 개인의 진짜 특성이 드러났다. 그리하여 문화적 충돌이라는 고정관념이 잘못되었다는 점이 드러났다. 베로즈는 이렇게 말했다.

"우리는 눈에 보이는 두드러진 차이점이 갈등이 발생하는 원인이라고 생각하는 경향이 있어요. 흔히 인종이나 배경이 달라서, 성性이 달라서 서로를 이해할 수 없다고 말하죠. 하지만 조사를 해보면 서로의 성향이 다르다는 사실을 서로 인식하지 못하기 때문에 문제가 발생한다는 걸 알 수 있어요. 그러니 버크만 진단을 통해 각자의 성향을 파악하고 그러한 이해를 바탕으로 다양한 방식을 이해해야 합니다."

적용

감정은 의사결정에 도움이 되는가, 방해가 되는가?

사람들이 미국의 기업에 품는 고정관념 한 가지가 있다. 즉 그곳이 일상 업무를 굉장히 효율적으로 하기 위해 직원들을 로봇으로 만드는 딱딱한 환경이라는 것이다. 물론 그곳에서 일하는 직원들은 직장이 감정의 영향을 받고 정치적이고 변덕스러운 곳이라는 사실을 잘 안다. 얼마든지 발생하는 문제들 때문에 생산성과 효율성이 떨어지기도 하는 곳이라는 점도 잘 안다.

사람들이 의사결정에 감정과 사고를 얼마나 많이 반영하는가를 이해하면 위험 요소가 수반된 상황에서 지뢰들을 피해 지나가는 데 도움이 된다. 그렇기 때문에 공감 요소와 사고 요소는 선택이 이루어지는 과정에 개입되는 상호작용을 보여주는 중요한 관계 요소다.

공감 요소는 당신이 감정을 어떻게 표현하는 사람인가와 관련이 있다. 이것은 다른 사람들이 감정을 어떻게 표현하는지 이해하는 데도 도움이 된다. 공감 요소에서 측정되는 것은 감정을 어떻게 처리하는가, 감정을 표현하는 일을 얼마나 좋아하는가, 감정 표현을 통해 얼마나 활기를 얻는가이다. 공감 요소의 욕구 점수는 자신의 행동을 들여다볼 수 있는 중요한 창이다. 이것은 사람들이 서로 관계를 맺는 방식에서 드러나는 중요한 차이점들을 파악하는 데 유용하다. 우리는 이것을 사고 요소의 욕구 점수와 한 쌍으로 묶어서 다루려고 한다. 사고 요소에서 측정되는 것은 의사결정의 속도와 세부 사항을 얼마나 면밀히 검토한 후에 결정을 내리는가 하는 점이다.

어쩌면 '바람직하지 못한' 점수로 생각되는 지점을 가까스로 면했다고 생각하는 사람이 있을지도 모르겠다. 어쨌든 직장에서 작은 일로 호들갑 떠는 사람으로 인식되기를 바라는 사람은 없을 것이다. 하지만 당신은 지금쯤 1에서 99에 이르는 버크만 점수대에서 어디에 위치하든 나름의 장점이 있다는 사실을 알게 되었을 것이다. 이는 공감 요소에서도 마찬가지다. 더 바람직하거나 바람직하지 못한 점수란 없다. 60년 동안 축적된 수백만 명의 버크만 데이터베이스는 공감 요소의 스펙트럼에서 사람들의 점수가 넓게 퍼져 있다는 사실을 보여준다. 그리고 이러한 다양성은 사회 구성원인 우리에게 상당한 이득이 된다는 점을 알 수 있다.

사람은 누구나 타인에게 마음을 쓰며, 또한 누구에게나 감정이 있다. 공감 요소란 감정이 있는가의 차원이 아니다. 그것은 자신이 감정을 표현하는 데 편안함을 느끼는 수준은 어느 정도며 감정을 솔직하게 드러내는 일을 얼마나 좋아하는가와 관련 있다. 여기서 중요한 점은 한 개인이 자기 감정을 강조하여 표현하기로 선택했는지 아니면 감정 표현을 절제하기로 선택했는지 아는 일이다. 이 영역에서 사람들의 유형과 욕구는 저마다 다르며 자기 관리, 타인과의 관계, 직업 선택에서 굉장히 중요한 역할을 한다.

공감 요소에서 욕구를 나타내는 스펙트럼은 내면 깊이 자리한 감정의 측면을 보여준다. 우리는 이 스펙트럼을 보면서 사람들 사이의 차이점을 알아보고 인정하고 이해할 수 있다. 대부분의 사람들은 이 스펙트럼에서 양극단의 중간 즈음에 위치한다. 이는 다른 11가지 관계 요소에서도 마찬가지다. 하지만 짙거나 옅은 회색보다는 검정색과 흰색에 대해 말하는 것이 쉽다. 우리는 공감 요소 점수와 관련한 극단적인 사례를 살펴보면서 이 요소의 중요성을 설명하려고 한다. 또한 양극단에 속하는 사람이 자신과 성향이 완전히 다른 사람을 대할 때 특히 문제가 발생할 가능성이 크다는 점을 지적하려고 한다.

: 감정 표현의 정도를 나타내는 요소

공감 요소의 점수가 높은 사람들은 자신의 감정 상태에 영향을 많이 받으며 감정 상태를 예리하게 의식한다. 그들은 보통 사람보다 표현력이 좋고 열정적이며 강조하는 말이나 다채로운 언어를 잘 사용하는 사람으로 여겨진다. 다시 말해, 그들은 사람들에게 둘러싸여 있을 때 즐거운 분위기를 선사할 수 있다. 직원 가운데 고객의 감정을 잘 살펴 민감하게 대응하는 능력이 있거나 적극적으로 분위기를 좋게 만드는 직원이 있다면 기업 측에선 이익이다. 특히 공감 요소 점수가 높으면 글쓰기, 노래, 공개적으로 말하기, 사건 변호 등 직관적 활동이나 사람들 앞에 나서서 하는 활동에 도움이 된다.

공감 요소 점수가 높은 사람은 격한 반응을 보일 수도 있다. 특히 이 점수와 권위 요소 점수가 모두 높은 사람이 스트레스를 받을 때 그럴 가능성이 더 크다. 이럴 때 감정이 많이 섞인 말을 큰 소리로 쏟아부을 수 있다. 중요한 점은 공감 요소 점수가 높은 사람의 진짜 욕구를 인정하는 효과적인 방법을 찾는 일이다. 이런 사람은 자신이 상대방의 일과 목표를 방해하지 않는 선에서 상대방이 자기 말에 귀 기울여주기를 바란다.

버크만 프로젝트는 사람의 행동을 평소 스타일, 욕구, 스트레스 반응이라는 다차원적 측면으로 깊이 들여다보는 방식이다. 공감 요소 점수가 높은 사람들의 단점은 스트레스를 받을 때 낙담하거나 심지어 우울해질 수 있다는 점이다. 그들은 스트레스를 받으면 더 쉽게 교착 상태에 빠진다. 자신의 감정에만 파묻혀 행동을 취하지 못하는 상태가 된다. 반어적이긴 하지만 이때 해결책은 뭔가 행동을 취하거나 운동이나 타인을 돕는 일처럼 긍정적인 활동을 하는 것이다. 이런 활동은 감정적 무기력감을 극복하는 가장 효과적인 방법이다.

: 냉정한 태도

버크만 프로젝트는 현상의 이면을 들여다보는 방식이다. 그래서 공감 요소 점수가 낮은 사람이 실은 상대방의 따뜻하고 호의적인 반응을 더 바라는 마음을 숨길 가능성도 있다는 사실에 주목한다. 예를 들어 어떤 사람이 직장에서 공감 요소의 평소 스타일 점수가 낮다고 해보자. 하지만 그 사람은 집에 가면 자신에게 귀 기울여주며 동조해주는 배우자나 친구에게 기대어 공감 요소의 높은 욕구를 충족시킬 수 있다. 도표 9.1에 표시된 사람은 타인에게 감정을 거의 드러내지 않으며 타인도 감정을 배제하고 자신을 직설적이고 현실적으로 대해주기를 바란다. 그런데 이 사람이 스트레스를 받아 타인의 감정을 심하게 무시하고 "네가 알아서 처리하라"는 식으로 나올 때 문제가 발생한다.

공감 요소 점수가 낮은 사람은 사무적이고 논리적이며 감정을 조절할 줄 안다는 인상을 준다. 때로는 자신이 호들갑스럽다고 여기는 상황을 피하는 성향 때문에 너무 냉정하다는 인상도 준다. 버크만 컨설턴트들과 여러 조사자들은 경영학 석사 학위를 받은 사람들이 지난 몇십 년 동안 갈수록 더 냉정한 행동을 하는

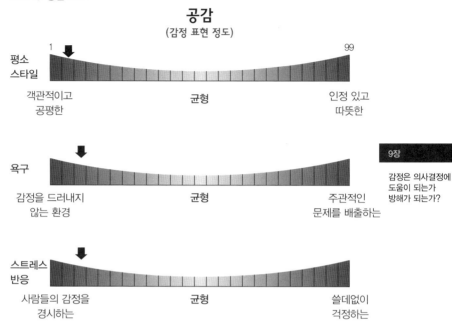

공감
(감정 표현 정도)

평소
스타일

1

99

객관적이고
공평한

균형

인정 있고
따뜻한

욕구

감정을 드러내지
않는 환경

균형

주관적인
문제를 배출하는

스트레스
반응

사람들의 감정을
경시하는

균형

쓸데없이
걱정하는

성향을 보여 이전 세대와 달라졌다는 점을 발견했다. 그런데 평소 스타일은 이런 변화를 보였을지 모르지만 욕구도 반드시 그렇다고 말할 수는 없다. 또한 흔히 여성은 남성보다 더 감정적이라고 생각하지만 버크만 진단 결과를 보면 공감 요소의 특성과 성별과의 관련성은 없다.

공감 요소 점수가 낮은 사람의 장점은 문제 상황을 해결하기 위해 현실적인 해결안을 제시하고 행동을 곧바로 취하는 능력이 있다는 점이다. 이 점수가 낮을수록 상대방이 말로 동조해주는 것이 별로 필요하지 않다고 느낀다. 이런 사람은 사실 이러한 접근법을 성가시게 느낄지도 모르고 심지어 의도를 의심할 수 있다. 동조나 과장된 반응이 아니라 사실만을 원한다. 객관적 반응과 재빠르고 분별 있는 행동이 필요한 일을 하는 사람은 이러한 특징을 갖추어야 한다. 항공기 조종사나 신경외과 의사가 그렇다. 대부분의 긴급 의료원과 응급 구조대원은 공감 요소의 점수가 낮다. 그들이 사람들을 보살피고 도움을 주는 것은 맞지만 객관적인 행동을 해야 하기 때문이다.

공감 요소 점수가 낮은 사람과 충돌을 일으키는 성향은 이렇다. 그러니까 재빠른 행동을 중요하게 여기지 않고 상대방이 해결안을 제시하지 않으면서 그저 세심하게 자기 말을 끝까지 들어주길 바라는 사람이다. 공감 요소 점수가 낮은 사람은 자신과 반대되는 성향의 동료에게 "그냥 해결해"라든가 "기분 좀 나아지면 다시 와"라고 말함으로써 좌절감을 안겨주기도 한다.

: 숨겨진 감정

공감 요소 점수가 낮은 사람들도 타인에게 신경을 많이 쓰고 강한 감정을 느낀다. 버크만 진단의 공감 요소에서 측정되는 것은 그들이 그러한 감정을 어떻게 다루기로 선택했느냐와 타인과의 상호작용에서 그러한 감정이 어느 정도의 역할을 하도록 선택했느냐이다.

아칸소 주에서 컨설턴트로 일하는 스테이시 메이슨은 건설회사의 고위 경영자 여섯 명에게 버크만 진단을 받게 했다. 그때 그 여성 컨설턴트는 공감 요소 점수 때문에 논의 방향이 잠시 빗나가자 좀 당황했다. 스테이시는 리더십팀의 구성원인 그들을 코칭해주었다. 그들이 회사를 위해 세운 목표와 행동 계획을 서로 조정해서 함께 효율적으로 일하게 해주기 위해서였다. 그런데 피드백 시간에 한 사람이 공감 요소에서 자신의 점수가 매우 낮은 사실에 몹시 당황한 듯했다. 이 요소에서 그 사람의 평소 스타일 점수와 욕구 점수는 모두 10이었다. 그 순간 그 사람의 관심사는 업무와 관련이 없었다. 하지만 일을 하기 위한 힘을 내고 동기부여가 되는 데 큰 영향을 미칠 수 있었다. 그는 "추하고 비통한 이혼을 한 지 얼마 안 되었다"라고 말을 꺼냈다. 그는 아들들의 부분적 양육권을 맡았는데 그 점수가 아들들과 관계를 이어나가는 일이 힘들다는 점을 의미하는 것은 아닌지 걱정했다. 스테이시는 이렇게 말했다.

"그분은 금방이라도 울음을 터뜨릴 것 같았어요. 저는 건설회사 직원들에 대해 고정관념을 갖고 있었는데, 그건 잘못된 것이더라고요."

스테이시는 그 경영자에게 이렇게 말해주었다.

"공감 점수는 실제로 감정을 느끼느냐가 아니라 느끼는 감정

9장
감정은 의사결정에
도움이 되는가
방해가 되는가?

을 겉으로 어떻게 드러내느냐와 관련이 있어요. 평소 스타일이나 욕구의 점수가 낮다는 것은 공감을 아주 실리적인 방법으로 보여준다는 의미입니다."

공감 요소에서 그 경영자의 점수가 낮다는 것은 그가 자신을 '감정의 측면에서 보통 사람과 같고 그 이상도 그 이하도 아니다'라고 생각한다는 의미다. 이는 설령 그 점수가 조금 더 낮다 해도 마찬가지다.

그 경영자의 동료들은 그를 친절하고 배려 깊은 사람으로 생각한다며 맞장구를 쳐주었다. 스테이시는 이렇게 말했다.

"그분은 많은 사랑을 받고 있었어요. 경영진은 서로 친밀했어요. 그 사이에서 버크만 진단은 측정 가능한 요소를 바탕으로 논의를 이끌어갈 기회를 주었지요."

그들은 버크만 진단 결과를 자신의 한계를 긋는 기준이 아니라 출발점으로 삼았다. 그들은 감정적인 말을 사용하지 않으면서 자신이 하고 싶은 말을 하는 수준에 이르렀다.

: 지나친 감정 표현은 불편하다

직장 동료가 항상 당신의 가정 이야기를 소재로 즐겁게 대화를 나누거나 당신과의 유대 관계를 돈독히 하려 애쓰는 것은 아니다. 애틀랜타에서 고급 홈 서비스 제공을 목표로 새롭게 구성된

한 팀이 버크만 진단을 받았다. 그들은 팀원 일곱 명 가운데 다섯 명이 공감 요소에서 평소 스타일과 욕구 점수 모두 낮다는 사실을 알게 되었다. 한 사람은 평소 스타일 점수가 낮고 욕구 점수는 중간이었다. 그 팀에 새로 영입된 한 사람은 다른 팀원들과 다르게 두 점수가 모두 높게 나왔다.

스티브 콘월은 그 직장은 전반적으로 편안한 분위기였지만 업무에서는 다소 냉정했다고 말했다. 그들은 중요하든 덜 중요하든 논의를 할 때 바로 본론으로 들어갔으며 대개 객관적이고 현실적으로 행동했다.

반면 공감 요소 점수가 높게 나온 여성은 인간미가 강했고 새로 영입된 터라 다른 팀원들에게 일부러 친절하게 대했다. 스티브는 이런 말을 했다.

"그 여성분은 사소한 일에도 감사 카드를 보냈어요. 잊지 않고 생일 카드를 챙겼고 특별한 일은 과장스럽게 축하해주었어요. "좋은 아침입니다", "편안한 저녁 시간 보내세요" 같은 인사를 맨 처음 한 사람도 바로 그분이었어요."

그 여성은 과도하게 쾌활한 태도로 의도하지 않게 팀원들을 불쾌하게 만들었다. 그들은 신입 직원의 동기를 의심했고, 그 직원의 행동이 완전히 거짓이거나 기껏해야 필사적으로 노력해서 나온 것으로 판단했다. 스티브는 그 여성이 무슨 말을 할 때마다 팀원들이 어이없거나 놀란 표정을 짓곤 했다고 말했다. 한 팀원은 스티브와 개인적으로 대화를 나눌 때 이런 말을 했다.

"저희는 직장에서 공사 구분 없이 너무 살갑게 대하는 걸 싫어해요! 모두 여기에 일하러 오는 거지 그 이상은 아니거든요. 모두 서로서로 절친한 친구가 되는 걸 원치 않아요."

스티브는 각 팀원의 버크만 진단 점수를 함께 살펴보기 위해 팀 회의를 열었다. 11가지 관계 요소에서 각 팀원의 욕구 점수를 점으로 표시한 그룹 그래프를 미리 만들어갔다. 각 점 옆에는 팀원들 이름의 첫 글자를 표시했다. 스티브는 11가지 관계 요소의 점수를 하나하나 살펴보았다.

"공감 요소를 살펴볼 때 팀원들의 반응을 보는 것은 놀라웠어요"라고 스티브는 말했다. 그들은 신입 직원과 나머지 팀원들 사이의 점수 차가 너무 큰 것을 보고 충격을 받았다. 그 뿐만 아니라 그들이 함께 그 직원을 얼마나 비난했는지도 깨달았다. 스티브는 웃음을 지으며 이런 말을 했다.

"제가 공감 요소 점수가 어떤 식으로 작용되는지 설명하자 그 여성 직원은 눈물을 보이며 "그렇죠!"라고 외쳤어요. 이해할 만하죠. 팀원들은 그동안 그 직원이 어떤 괴로움을 느꼈을지 처음으로 알아차렸어요."

팀원들은 그 여직원에게 가혹하게 대한 적이 많다는 사실을 인정했다. 그들은 그 직원이 자신들의 행동을 어떻게 느꼈을지, 그들의 집단적 행동이 그 직원에게 어떤 영향을 끼쳤을지 한번도 생각한 적이 없었다. 버크만 프로젝트에서는 항상 균형을 추구한다. 그렇기 때문에 스티브는 그 여성에게도 다음과 같은 사실을 깨닫게 해주었다. 그러니까 그 여성이 자신의 특별한 노력을 달가워하지 않는 팀원들과 소통할 때 객관적이지 않고 현실적이지 않은 행동을 함으로써 문제를 더 키웠다는 사실을 말이다.

"우리는 앞으로 나가려면 서로 어떤 식으로 협력해야 하는지 대화를 나누었어요. 회의가 끝날 무렵 팀원들은 차이점에 대해 농담도 나누고 서로 포옹도 했어요. 이제 서로를 잘 알았다는 식으로 말이죠!"

: 고려해보겠습니다

사고 요소 점수가 낮은 사람은 의사결정을 빨리 내리며 그러한 능력을 자랑스러워하는 경향이 있다. 정부와 기업에서 의사결정을 빨리 내리는 능력을 여러 측면에서 높이 평가한다. 이러한 능력은 시간을 제때 맞춰야 하는 상황과 위기 상황에서 중요하다. 하지만 너무 충동적인 태도는 위험하다. 특히 지도자 위치에 있는 사람이라면 더욱 그렇다. 이는 마치 '준비, 조준, 발사'식으로 상황을 처리하는 것과 같다.

반면에 결정을 신중히 하는 것도 좋은 태도다. 하지만 너무 지나친 생각은 신중한 수준을 넘어 불안감을 일으킬 수 있다. 특히 직원이 눈앞에 닥친 업무를 처리하기 위해 상사의 지시를 기다리는 상황에서 더 그렇다. 사고 요소를 나타내는 스펙트럼에서 중간에 위치하는 사람은 의사결정을 빨리 내리는 때도 있고 천천히 내리는 때도 있다는 의미다. 다시 말해, 상황과 환경에 따라 달라진다는 것이다. 이 위치에 있는 사람들은 대부분 자신의 중간대 점수에 그리 연연하지 않는다. 그들은 때로는 생각을 많이 하고 때로는 판단을 빨리 내리기 때문이다.

샌프란시스코에서 일하는 한 관리자는 직장에서 자신이 위태로운 상황에 처했다는 사실을 알아차렸다. 그의 상사인 부사장은 그의 신속한 의사결정 방식이 무모하다고 보았다. 그 관리자는 규모가 큰 모기지 금융기관의 회계 담당자였다. 부사장은 그가 중요한 결정을 내릴 때 충분히 생각하지 않는다고 판단하여 좀 더 신중한 사람으로 바꾸는 것을 고려했다.

부사장은 컨설턴트 클레어 캐리슨에게 전화를 걸었다. 이 여성 컨설턴트는 사고 요소 스펙트럼에서 양극단에 위치하는 관리자들을 코칭해준 경험이 많았다. 클레어는 부사장에게 두 사람 모두 버크만 진단을 받은 후 최종 결정을 내리라고 조언했다. 그러면서 불안해하는 부사장에게 "현 상황을 좀 더 정확하게 진단해봅시다"라고 말해주었다.

클레어의 예상대로 부사장은 사고 요소에서 평소 스타일과 욕구 점수 모두 90점대로 아주 높게 나왔다. 그는 시간을 들여서 의사결정을 내리는 성향이었다. 그렇기 때문에 자신처럼 시간을 들여 세심하게 검토하지 않는 직원을 못 미더워했다. 사고 요소에서 회계 담당자의 점수는 낮은 편이었다. 클레어는 두 사람과 심도 깊게 대화를 나누었다. 그 결과 회계 담당자가 그의 업무 방식 때문에 잘못된 결정을 내린다는 오해를 받지만 실제로 그렇지 않다는 사실을 발견했다. 클레어는 이렇게 말했다.

"부사장은 두 사람의 의사결정 방식이 완전히 다름을 보여주는 수치를 보자 직원이 의사결정을 잘못 내리는 게 문제가 아니라 서로 다름을 인식하지 못한 게 문제임을 이해했어요."

결국 그 회계 담당자는 다른 사람으로 대체되지 않았다.

: 지나친 생각, 결정 장애

한편, 사고 요소 스펙트럼에서 높은 점수에 해당하는 극단적 행동을 싫어하는 경영자들도 많다. 그들은 어떤 결정을 내리든 염려하며 생각을 너무 많이 하는 것을 답답하게 여긴다. 버크만 컨설턴트 낸시 톰슨은 신시내티에 있는 P&G에 코칭을 해주었다. 낸시는 그 회사에서 물류 부서의 담당 업무를 통합하는 과정을 코칭했는데, 생각이 너무 많아 결정을 못 내리는 관리자가 큰 지장을 준다는 사실을 알게 되었다.

낸시는 물류 부서의 관리부 전원에게 버크만 진단을 받게 했다. 그 가운데 한 명은 회의를 지체시키는 사람으로 알려졌다. 버크만 진단 결과 그 이유가 나타났다. 사고 요소에서 평소 스타일 점수를 보면 그 관리자는 92로 높은 반면 다른 관리자들은 6에서 18 사이에 분포했다. 이 점수가 높은 관리자는 결정을 내리기 전에 세부 사항을 이야기하고 또 이야기하는 것을 좋아했다. 낸시는 이렇게 말했다.

"저는 알렉스(그의 실제 이름은 아니다) 씨가 다른 사람들이 이미 한 얘기를 다시 언급하며 오랫동안 말하면서 회의를 지연시키는 것을 여러 번 목격했어요. 그분의 평판은 관리부에서 자자했어요. 사람들은 그분이 말을 하기 시작하면 집중을 안 했어요. 그분이 아는 것이 많고 의사결정에 상당한 공헌을 한다는 사실을 알면서도 말이죠."

낸시는 색다른 시도로 시각적 활동을 해보기로 했다. 스트레칭 밴드를 사용하여 알렉스의 사고 과정이 다른 팀원들의 사고 과정과 얼마나 다른지 보여주었다. 사실 낸시는 그 교육시간의 효과에 그다지 낙관하지 않았다고 한다. 팀원들의 습관이 단단하게 자리 잡고 있는 데다 그 관리자를 향한 반감이 이미 형성되었기 때문이다. 하지만 이 시각적 활동은 큰 효과가 있었다. 극명한 차이를 본 팀원들은 자신들과 다른 특성을 지닌 알렉스에게 갑자기 공감을 표시했다. 알렉스 역시 자신의 사고 과정이 사무실이라는 환경에서 얼마나 부담스러운 것이었는지 알게 되었다.

알렉스는 코칭 모임을 하는 동안 평소처럼 다른 사람들이 한 말을 다시 하고 싶은 충동을 참으며 대개 조용히 있었다. 그러다가 마침내 손을 들더니 질문을 했다.

"제가 평소에 지체 요인이었다는 걸 잘 알았고, 이젠 그러지 않겠다고 약속드립니다. 하지만 잠시 끼어들어 몇 마디 해도 될까요?"

뭔가 적고 있던 팀원들은 모두 펜을 내려놓고 그의 얼굴을 쳐다보았다. 알렉스가 말하는 동안 모두 주의를 집중해 들었다. 낸시는 이런 말을 했다.

"사고 요소에서 평소 스타일 점수가 낮은 직원들은 알렉스의 성향을 어떤 식으로 존중해줘야 하는지 파악했어요. 알렉스 씨가 사람들의 주의를 집중시킨 건 아마 그때가 처음이지 싶어요."

알렉스는 말을 시작한 지 몇 분 후에 "자, 이게 바로 제가 하려던 말입니다"라고 말했다.

낸시는 그때부터 알렉스가 예전처럼 지나치게 세부적인 것에 신경 쓰며 장광설을 늘어놓는 일은 없었다고 말했다.

: 생각할 시간이 필요하다

워싱턴 주 레이시에 사는 베일리 케슬러에게도 사고 요소는 중요한 단서였다. 그 여성은 자기 이름을 건 꽃집과 보석류 제작 사업을 시작하려고 몇 년 동안 애써왔다. 베일리의 버크만 진단 결과 그녀가 왜 그렇게 일을 진척시키지 못했는지 그 실마리가 드러났다. 베일리는 사고 요소에서 평소 스타일 점수가 99로 최고점을 찍었고 욕구 점수 역시 높은 점수인 84였다. 컨설턴트 제니 카펠라는 이렇게 말했다.

"그렇게 높은 점수는 생각이 너무 많아서 결정을 못 내린다는 의미예요."

베일리의 언니이기도 한 제니는 버크만 진단 피드백 과정을 자매애를 돈독하게 하는 기회로 삼고 싶었다.

베일리는 질문이나 요청에 대답해야 할 때 생각에 빠져 자주 침묵했다. 제니는 베일리가 잘 이해하지 못해서 침묵한다고 생각한 나머지 더 많은 정보를 던져주었다. 그럴수록 베일리는 스트레스를 받았고, 많은 정보 때문에 판단을 더 못 내렸다.

베일리는 버크만 진단 결과지를 받은 후 자신은 생각할 시간이 많이 필요한 사람이라는 점을 알았다. 그래서 의사결정을 내리는 데 필요한 시간을 요구하기 시작했다. 베일리는 이런 말을 했다.

"이젠 서로 합의를 봤어요. 언니가 제게 질문을 하면 전 '99퍼센트 진행 중'이라 말해요. 제 사고 요소 점수가 99점이잖아요. 언니는 그럴 때 제가 생각 중이라는 걸 이제 잘 알아요. 그리고 제가 곧장 대답하지 않는다는 걸 알기 때문에 예전처럼 정보를 더 많이 주어야 할 필요성도 못 느껴요."

이 자매는 베일리가 공감 요소에서 평소 스타일 점수가 아주 높고 욕구 점수가 아주 낮은 사실에도 놀랐다. 베일리는 평소 스타일 점수가 높은 만큼 상대방에게 공감 표현을 잘했다. 하지만 자신에게 어떤 문제가 생겼을 때 제니가 자기를 지지해주고 깊이 공감해주려 하면 기분이 저하되었다. 제니는 이런 말을 했다.

"베일리가 원한 것은 논리였어요. 현실적이고 실제적인 논리요. 정말이지 저는 베일리의 행동을 오랫동안 잘못 이해했던 거예요!"

베일리는 자신을 잘 알고 나자 자신의 사업 수완에 더 확신을 얻었다. 그래서 이런 말을 했다.

"저의 사고 과정을 제대로 파악하자 제 사업에 대해 더 자신감에 차서 말할 수 있게 되었어요."

베일리는 흥미 분야에서 예술과 기술 분야의 점수도 모두 높게 나왔다는 사실에도 자신감을 얻었다. 이러한 점수는 꽃집 사업과 보석류 제작 사업이 자신에게 잘 맞는다는 점을 보여주었기 때문이다. 제니는 이렇게 말했다.

"베일리는 놀라울 정도로 변화를 보였어요. 그건 극적이었어요. 그리고 지금까지도 그렇고요. 베일리는 자력으로 일을 해내며 번창하고 있어요."

그러한 변화는 이 자매 사이의 관계도 돈독하게 만들어주었다.

: 부부 사이의 의사결정

버크만 진단에서 측정되는 사고 과정은 일상의 활동과 인간관계에 영향을 주기도 한다. 온타리오에서 일하는 컨설턴트 론 베이커는 어비스 두아르도 페레즈 박사와 그의 아내 타마라 피나에게 사회적 상황에서 사고 요소가 어떻게 작용하는지 보여주었다. 타마라는 이런 말을 했다.

"남편이 의사결정을 어떻게 내리는지가 그 당시 논의의 요점이었어요. 저는 위기 상황에서 곧장 해결책을 생각하고 결정을 내려요. 반면 남편은 결정을 내리는 데 시간이 오래 걸리죠. 하지만 일단 결정을 내리면 그 무엇도 그걸 바꾸지 못해요. 전 결정을 빨리 내리지만 생각을 바꾸기도 해요."

버크만식 언어로 표현하자면 어비스는 사고 요소에서 평소 스타일 점수와 욕구 점수 모두 높다. 론 베이커는 어비스가 '막후에서 깊은 사고를 하는 성향'이라고 말했다. 한편 어비스의 아내는 사고 요소 점수가 낮게 나왔다.

론 베이커는 이 부부와 코칭 모임을 연 후 식사를 하러 갔던 때를 떠올리며 웃음을 지었다.

"타마라 씨와 저는 1분 만에 주문을 다 했어요. 어비스 씨는 일단 여종업원을 돌려보냈어요. 여종업원이 주문을 받으러 다시 오자 또 돌려보냈고요. 한 번 더 그렇게 돌려보내더라고요. 전 "사고 요소가 어떻게 작용하는지 지금 보고 계시죠?"라고 말했어요."

글로벌 기업

버크만 프로젝트에서는 문화적 차이보다 다른 문화에 속한 사람들 사이의 유사점에 초점을 둔다. 이로써 버크만 프로젝트는 글로벌 기업에서 구성원들을 화합시키는 문제에서 논의의 초점을 변화시키는 데 도움이 되고 있다. 전 세계 사람들은 서로 차이점보다는 유사점이 더 많다. 서로 다른 나라에 사는 사람들 사이의 차이점보다는 한 나라에 사는 각 개인들 사이의 차이점이 더 크다.

하지만 세계적 차원에서 보면 다양성이란 주제는 복잡해진다. 다양성의 범위가 아주 커지기 때문이기도 하고 서로 다른 관습과 습득된 행동을 이해하고 존중해야 하기 때문이다. 이러한 차이점을 감안하지 못하면 익숙하지 않은 곳에서 사업을 하거나 직장을 구하려 할 때 실수를 하게 된다.

버크만 데이터베이스에 있는 300만여 명(50개 나라와 22개 언어)의 자료를 보면 진단 결과가 나라별로 크게 다르지 않다는 점을 알 수 있다. 우리가 예상할 수 있고 실제로 결과에도 나타난 차이점은 욕구, 흥미 분야, 스트레스 반응이 아니라 평소 스타일처럼 눈에 보이는 요소인 경향이 있다. 우리는 특정한 평소 스타일을 문화마다 해석하는 방식이 다르다는 점을 인정해야 한다.

앞에서 '타인에게 막 대하면서 자신은 그런 대우를 받기 싫어하는' 성향을 언급했다. 타인과의 일대일 관계를 나타내는 존중 요소에서 평소 스타일 점수가 낮고 욕구 점수가 높은 사람이 이에 해당된다. 이러한 점수 경향은 솔직한 의사 표현을 배우고 직설적인 언어를 좋게 평가하는 북아메리카 사람들에게 많이 나타난다. 상대방을 존중하며 좀 더 신중하게 말해야 한다고 가르치는 문화 속에 있는 사람들은 대개 평소 스타일이 덜 직설적인 경향이 있다. 물론 욕구도 이러한 경향인 것으로 나타난다. 이런 식의 문화적 차이는 많이 존재한다.

문화적 가치

런던에서 컨설턴트로 일하는 타스님 비라니는 "저는 사람을 한 인간으로서 코칭해주기를 좋아합니다"라고 말했다. 타스님은 오늘날 세계가 갈수록 긴밀하게 연결되면서 수도 없이 많은 사람이 다양한 경험과 문화에 노출된다고 말했다. 그 결과 개인을 규정하는 일이 그 어느 때보다 어렵다고 보았다. 타스님은 개인의 특성과 문화가 얼마나 복잡할 수 있는지 보여주기 위해 자신의 가족을 예로 들었다. 타스님은 인도인으로 케냐에서 태어났고 영국에서 공부를 했으며 자녀도 영국에서 낳았다. 이후 가족이 미국에서 살았고 자녀들은 계속 미국에서 살고 있다. 타스님은 이렇게 말했다.

"제 아이들이 저와 비슷하다는 말을 못하겠어요. 그 애들은 영국, 유럽, 미국의 문화를 많이 접했기 때문에 제3 문화 아이들인 셈이죠. 그 모든 걸 감안하면 그 애들을 그저 한 사람의 인간으로 조명할 수밖에 없어요."

이런 현상으로 말미암아 타스님이 하는 일도 점점 복잡해지고 있다. 타스님이 코칭을 맡은 사람들 가운데 75퍼센트의 사람들이 다른 나라에서 살다가 영국에 정착했다. 여러 나라에서 살다온 사람들도 있다고 한다. 타스님은 이런 말을 했다.

"그들의 가치관은 다 달라요. 하지만 그들의 특성은 비슷한 부분이 있어요."

적용

타스님은 버크만 진단 결과 문화적 차이점은 별로 나타나지 않지만 몇몇 국가별로 평소 스타일에서 비슷한 부분이 나타나는 것을 확인했다. 이는 특정한 가치와 전통에 대해 습득된 표현을 말한다. 타스님은 예를 들어, 인도 사람, 파키스탄 사람 그리고 중동국 사람은 이익 요소에서 평소 스타일 점수가 낮은 경향이 있다는 사실을 발견했다. 그들은 자신들의 요구가 과하지 않을 때 외려 편안함을 느낀다고 한다. 같은 맥락에서, 그들은 이익 요소에서 욕구 점수가 높게 나와 자기가 성과에 물질적 보상을 바란다는 점을 인정해야 할 때 불편한 기분을 느낄 수 있다.

타스님은 그들에게 이 부분 점수가 높다는 사실을 알릴 때 이런 식으로 설명한다고 한다.

"당신은 당신이 한 일에 인정을 받고 싶어 하고 성장할 수 있는 또 다른 기회가 있기를 바라는 사람입니다."

하지만 타스님은 기대에 못 미치는 직장 환경에서는 평소 스타일로 나타나는 강한 문화적 가치도 영향력을 발휘하지 못한다는 사실을 발견했다. 2012년에 타스님은 가족이 운영하는 사업체로 런던에 소재한 포씨 호텔스 그룹4C Hotels Group에 도움을 주었다. 그 업체가 조직을 개편하고 확장을 계획할 때였다. 그 가족은 인도 사람들이었다. 그리고 공동 설립자는 탄자니아 출신이었고 그의 아들은 영국에서 태어났다.

영국에 있는 그 업체의 직원은 150명이었다. 대부분의 직원들이 유럽 연합 가입국이나 동남아시아에서 최근에 이민 온 사람들이었다. 그들은 초보적인 일을 했기 때문에 어느 업계에서나 그렇듯 봉급이 적은 편이었다. 그들은 기회가 없다는 사실에 좌절감을 느꼈다. 포씨 호텔의 알카림 나토 부책임자는 "채용 직원 유지에 문제가 있었어요"라고 말했다. 그 업체의 이직률은 높았다.

예상한 대로 버크만 진단 결과를 받은 20명 가운데(대부분 인도, 파키스탄, 루마니아 사람이었다) 18명이 이익 요소에서 평소 스타일 점수가 낮게 나왔다. 타스님은 그들의 이런 성향 때문에 자기 자신이 아닌 모두를 위해 일하기가 쉬웠다고 말했다. 그들은 이익 요소에서 욕구 점수는 높게 나왔다. 하지만 이 사실에 겸연쩍어 하지 않고 자신들이 한 일에 보상을 바란다는 사실을 인정했다. 이후에 이어진 논의에서는 좀 더 명확한 승진 체계가 필요하다는 의사를 밝혔다. 버크만 진단 결과 공감 요소에서 욕구 점수가 높게 나온 직원들도 많았다. 그들은 타스님에게 자신들이 한 일에 대한 피드백을 관리자들이 충분히 해주지 않으며 자신들의 의견을 표현할 기회도 없다고 말했다.

일부 직원들은 자신들이 영국에 새로 온 이민자여서 그러한 대우를 받는 것은 아닌가 하고 생각했다. 하지만 실제 문제는 국적이 아니라 기업 문화와 관련이 있는 것으로 드러났다. 알카림은 "사실 회사 내에 체계적인 문화가 없었어요"라고 말했다. 알카림은 그러한 부분이 회사의 성장에 걸림돌이 되지 않기를 바랐다. 그가 말하길 그의 가족은 10년 된 그 회사를 동아프리카로 진출시켜 그쪽에 새로운 회사 건물을 짓고 싶어 했다. 공동 설립자인 그의 아버지는 작은 숙박 시설에서 시작하여 저렴하고 실속 있는 10개의 호텔을 열어 사업을 확장시킨 장본인이었다. 바로 홀리데이 인 익스프레스Holiday Inn Express와 컴포트 인Comfort Inn 같은 호텔들이다. 알카림은 이렇게 말했다.

"하지만 우리의 체계는 여전히 영세업체 수준입니다. 그래서 운영을 강화하고 인적 자원과 리더십 계발에 초점을 두고 싶습니다."

알카림은 흥미 분야에서 사회복지의 점수가 높았다. 이 결과에서 알카림이 직원들이 경력을 개발하도록 돕고 싶어 했고, 자신의 고객 서비스 성과를 올리고 싶어 한다는 점이 드러났다. 타스님은 다른 고위 경영자들의 버크만 진단지를 보면 그들이 전체의 이익을 위해 일하고 싶은 바람이 있다는 점이 드러난다고 덧붙였다. 그러면서 이러한 결과는 모든 구성원들이 기업의 핵심 문화를 바꾸기 위한 조치를 취할 수 있다는 의미라고 말했다.

그들은 경영진이 업무상 강점에서 다양성이 부족하다는 점에

주의를 기울였어야 했다고 인정했다. 알카림은 이런 말을 했다.

"경영진은 수치를 굉장히 중시해요. 하지만 제 아버지와 저를 빼면 전략적 사고를 하는 사람은 많지 않아요. 회사가 성장하려면 특히 영업과 마케팅 분야에서 다른 성향의 사람들을 영입할 필요가 있어요. 그리고 의사소통과 영업 활동에서 온화한 방식을 써야 할 필요가 있어요."

알카림은 다음 단계가 무엇이 되어야 하는지 이제 분명하게 알았다. 버크만 진단 결과 훈련이 필요하다고 나온 경영자들을 성장시키는 일이었다. 그들은 타스님의 도움을 받아 리더십과 경영 기술을 향상시키는 일을 염두에 두고 훈련 목표를 세웠다. 타스님은 이렇게 말했다.

"우리는 회사의 가치와 임무를 정의했어요. 여기에는 고객에게 더 초점을 두는 태도도 포함됩니다. 여기서 핵심은 모두가 문화, 가치 그리고 특성에 대한 자기 인식을 높여 감성지능을 키우는 것입니다. 그렇게 해야 내가 상대방의 감정을 이해하게 되고 상대방의 가치와 문화를 알게 됩니다."

같은 점수 다른 의미

뮌헨에서 컨설턴트로 일하며 경영자 교육도 하는 스테판 알테나는 이탈리아 회사의 한 팀에게 버크만 진단을 받게 했다. 스테판은 그들과 함께 버크만 피드백 보고서를 검토할 때 팀원 가운데 혼자 일하는 걸 선호하는 사람이 있음을 지적했다. 스테판은 미국이라면 그러한 개인의 선호도에 신경 쓰는 사람은 별로 없다고 말했다. 동료들은 '저 사람이 혼자 일하길 좋아하는구나'라고 생각하고 끝이다. 하지만 이탈리아의 그 팀원들은 어리둥절한 반응을 보였다. 팀원들은 의구심을 품었고 그 직원과 가장 가까운 동료는 모욕감까지는 아니어도 상처를 좀 받았다. 그들은 스테판에게 설명해달라고 했다. "그가 왜 혼자 일하고 싶어 하죠? 우리를 좋아하지 않는 건가요? 무슨 문제가 있어요?" 그 직원의 점수는 공동체 의식과 친밀한 인간관계를 강조하는 문화에서 불쾌감을 일으킬 만한 점수였다. 같은 점수라도 문화적 상황에 따라 받아들여지는 정도가 다르다.

네덜란드의 선임 컨설턴트 잰 브란덴바그가 이와 유사한 사례를 말해주었다. 잰은 솔직하고 직설적인 자신처럼 존중 요소에서 평소 스타일 점수가 낮은 한 일본 남자와 대화를 한 적이 있었다. 잰은 그 남자가 대화를 할 때 아주 세심해 보여 내심 놀랐다는 말을 남자에게 해주었다. 잰은 이런 말을 했다.

"그 일본 사람이 제게 "제 동료들이 절 보고 너무 직설적이라고 하는 말을 들어보셨어야 해요. 제 어머니도 그렇게 말씀하시는 걸요"라고 하더라고요. 차이점이 발생하는 원천은 복잡해요. 그건 전통, 역사, 어릴 적 두뇌에 각인된 것들, 가치관과 관련이 있어요. 그래서 점수대가 아주 비슷한 사람들이라도 다르게 인식될 수 있는 거지요."

잰은 다문화 문제를 다룰 때 권위 요소를 면밀히 검토해야 한다고 생각한다. 잰이 코칭한 사람들의 출신은 유럽 전역에 걸쳐 있다. 네덜란드, 프랑스, 독일, 벨기에, 폴란드 출신의 최고경영자들을 목록으로 만들 수 있을 정도다. 잰은 문화마다 권위를 존중하는 정도가 다르며 그러한 존중을 나타내는 방식도 다르다고 말했다.

잰의 견해는 네덜란드의 문화 연구자 길트 홉스테데의 연구를 기반으로 한다. 잰은 권위를 수용하는 정도는 개인과 중심 권력 사이의 거리감을 측정하는 기준이 된다고 생각한다. 예를 들어, 중심 권력과 국민 사이의 거리감은 북유럽보다 중국이 훨씬 크다. 잰은 네덜란드 사람들이 기업이나 조직에서 자기 위치에 대한 인식이 강하다고 말했다. 그들은 "당신은 관리자일지 모르지만 사람으로선 우리 두 사람은 평등하다"라고 말한다. 그러니까 평등주의 인식이 강하다. 반면 중국 사람들은 권위자를 자신과 동등한 존재로 인식하지 않는 성향이 있다. 잰은 "저는 그러한 관점에서 버크만 진단 결과를 해석했어요"라고 말했다.

문화와 관습

기업이란 문화와 관습 같은 것이 존재하지 않는 곳이라 생각하는 사람들이 있다. 하지만 기업이 자사나 자국의 문화와 전통에 충실할 수 있다는 사실을 발견하면 놀랄 것이다.

토니 스위프트는 호주 시드니에 있는 현대 자동차의 인사부 담당 관리자다. 토니는 이 한국 기업의 마케팅 부서에서 일을 시작하면서 힘들어했던 한 직원을 도와주었다. 토니는 호주 사람인 이 신입사원이 비협조적인 '반항아'로 인식되었다고 말했다. 그는 위계 의식이 강한 조직 문화에 적응하지 못했다.

토니는 "여기선 마감일까지 일을 하라는 지시가 내려지면 반드시 그렇게 합니다"라고 말했다. 토니는 그 신입사원에게 버크만 진단을 받게 했다. 그 결과 자유 요소의 점수가 98로 아주 높게 나왔다. 이는 그 직원이 개인적인 의사 표현에 대한 욕구가 강하다는 사실을 나타낸다. 반면 체계 요소에서 욕구 점수는 낮게 나왔다. 이는 그 직원이 엄격한 절차가 많은 것을 좋아하지 않는다는 의미다. 토니는 이렇게 말했다.

"어느 순간 '이제야 문제가 무엇인지 알겠다'하는 깨달음이 왔어요. 그러자 이런 의문이 들더군요. 그 친구는 왜 굉장히 조직적이고 절차를 중시하고 서열 의식이 강한 한국 기업에서 일하고 있는 거지?"

회사 측은 그 직원에게 행동 방침을 알려주고 조직 문화에 적응할 기회도 주었다. 하지만 결국 그 직원은 자신의 특성에 더 잘 맞는 회사를 찾기로 했다.

개인에 대한 이해

헤이퍼 인터내셔널Heifer International 직원들은 남아프리카에 있는 한 리더십팀에서 발생한 문제를 우려했다. 헤이퍼 인터내셔널은 아칸소 주 리틀록에 본거지를 둔 세계적인 비영리 단체다. 이 단체는 각 가정에 살아있는 동물을 선물로 주고 삶의 질을 높이기 위한 교육을 실시함으로써 지역사회가 가난과 굶주림을 이겨내도록 도움을 준다.

두 나라 출신의 네 사람이 그 팀의 구성원이었다(한 관리자가 나라 이름은 언급하지 말라고 부탁을 했다). 헤이퍼 인터내셔널은 미국에 있는 직원들에게 버크만 진단을 받게 하여 직원들 사이에 어떤 차이점이 있는지 파악했다. 이렇게 버크만 진단을 성공적으로 이용한 터라 다른 지역에서도 효과를 거둘 거라고 판단했다.

네 명의 팀원에게 버크만 진단을 실시한 결과 팀 책임자가 아주 솔직하고 직설적인 유형으로 나왔다. 사실 그 책임자는 존중 요소에서 점수가 너무 낮게 나온 사실을 인정하지 못했다. 평소 스타일과 욕구 점수 모두 3으로 나왔던 것이다! 나머지 세 사람은 사적인 교류와 서로 지지해주는 관계에 대한 욕구가 높은 것으로 나왔다(각각 79, 79, 44). 그 팀에게 버크만 진단을 실시했던 헤이퍼 인터내셔널의 인재 개발팀 관리자는 이렇게 말했다.

"그 팀의 책임자는 수용 요소에서의 욕구 점수도 낮게 나왔어요. 사교성이 낮다는 말이죠. 그래서 직원들에게 개인적으로 사기를 올려줘야 할 필요성을 못 느꼈던 거예요. 그저 이메일로만 의사소통을 해도 괜찮다고 생각했어요. 악의는 없지만 무심하고 인간미가 없었어요. 그래서 존중 요소에서의 욕구 점수가 비교적 높은 직원들은 인정받지 못한다는 기분과 불만을 느꼈고, 그 상사와 거리감을 느꼈어요."

그 팀에 대해 개인적으로 잘 알고 있던 본사 직원들은 버크만 보고서가 '정말 맞다'는 점을 인정했다. 버크만 진단을 통해 그 팀의 문제 이면에 존재하던 원인을 조명할 수 있었다. 인재 개발팀 관리자는 이런 말을 했다.

"민족적, 문화적 차이점이 상황을 복잡하게 만드는 요소이긴 하지만, 그 팀의 경우는 의사소통 습관과 개인 스타일의 차이도 원인으로 작용했어요."

그 팀원들은 서로의 욕구를 초기에 확인해봤다면 개인 유형의 차이점이 방해 요소가 되지 않으며, 오히려 성공적이고 생산적인 팀을 구축하는 기반이 된다는 점을 이해했을 것이다.

서로 다른 문화와 나라에서 온 직장 동료들에게 버크만 진단은 공통점을 찾고 개인을 규정하는 단순한 꼬리표를 벗어던지는 좋은 기회가 될 수 있다. 중립적 언어로 된 이 진단을 통해 자신을 자세히 들여다보게 되며 나와 다른 행동과 욕구를 인정하는 법을 배우게 된다.

제10장
당신은 직장에서 개성 강한 사람인가?

자유 요소는 아주 광범위한 관점을 제시하고 개성을 다룬다는 점에서 버크만 진단의 일반적인 측정 요소와 다르다. 11가지 관계 요소 가운데 폭넓은 관점을 제공하는 것은 자유와 뒷장에 나올 도전 두 가지다. 자유 요소의 스펙트럼에서 어디에 위치하느냐는 타인과 자신을 인식하는 방식을 보여주는 강력한 단서다. 또한 스스로 자신을 독립적이고 개성 있는 존재로서 어떻게 생각하는 지 나타내는 강력한 지표다.

  자유 요소의 점수가 높은 사람은 자신만의 방식대로 행동하는 것을 즐긴다. 이러한 사람은 대부분의 사람들이 어떻게 행동하는 지 잘 모르며 신경도 잘 쓰지 않는다. 옷을 독특하게 입거나 사무실이나 집을 독특하게 꾸미는 사람들이 이러한 유형에 해당한다. 자유 요소 점수가 높은 사람은 창의적 사고가 필요한 직장에서 큰 가치를 발휘한다. 이러한 사람은 골치 아픈 문제에 독특하게 접근할 수 있으며 의외성을 즐긴다.

자신을 개성이 강한 사람이라고 선뜻 말하는 사람들이 많다. 특히 미국의 대중문화에서 자유사상과 반항성은 낭만적으로 묘사되거나 그러한 특성을 고무시키는 경우가 흔하다. 당신은 버크만 진단을 통해 당신이 어느 정도의 자유를 누릴 때 진정으로 편안함을 느끼는지 발견하게 된다.

자유 요소에서 욕구 점수가 낮은 사람들은 사회의 전통을 가치 있게 여기며 대부분의 사람들이 어떻게 생각하는지 이해한다. 그들은 흐름에 동의하며 잘 따라갈 가능성이 높다. 사회에서 대다수의 선량한 사람들과 조화를 이루는 일을 중요하다고 여기며, 단지 차별화를 위해서 남과 달라질 방법을 애써 찾지 않는다. 직장에서는 동료들에게 적절히 맞추며 회사의 방침과 절차를 잘 따른다. 또한 팀의 의견과 확고부동한 규칙을 선뜻 따른다.

버크만 진단에서 자유는 하나의 고유한 요소지만 여기서는 변화 요소와 함께 다루어진다. 변화 요소는 현 상태에서 달라지고 싶은 정도를 측정하는 기준이다. 당신은 직장에서 항상 지시받은 대로 일하는가, 아니면 다양성을 추구하는가?

변화 요소 점수가 높은 사람은 자유 요소 점수가 높은 사람과 마찬가지로 의외성을 즐긴다. 그래서 변수가 있는 일정을 좋아한다. 또한 동시에 여러 가지 일을 하는 것을 좋아할 가능성이 크다. 물론 사람이 동시에 여러 가지 일을 처리할 수 있는가라는 주제가 지금까지 뜨거운 논쟁거리인 것은 사실이다. 하지만 변화 요소의 점수가 높은 사람들이 하나의 초점에서 다른 초점으로 빠르게 옮겨가는 데서 활력을 얻는 것은 분명하다.

변화 요소에서 욕구 점수가 낮은 사람은 한 번에 한 가지씩 초점을 맞추면서 목표를 달성하며, 이는 재충전할 때도 마찬가지다. 집중을 방해하는 요소를 원하지 않으며 방해 요소가 너무 많으면 심기가 불편해지고 스트레스를 받는다.

여느 11가지 관계 요소와 마찬가지로 대부분의 사람들은 평균 점수에 분포한다. 이는 사람들이 일상생활과 직장생활을 할 때 두 가지 양극단 사이에서 균형을 이루기를 원한다는 의미다. 11가지 관계 요소에서 각각의 욕구 점수는 개인이 최적의 업무 환경에 필요하다고 생각하는 유형을 선호하는 정도를 나타낸다.

: 간섭하는 상사

뉴잉글랜드에 있는 규모가 큰 회계법인의 한 직원은 자신의 컨설턴트에게 이렇게 고백했다.

"직장에서 지난 몇 년 동안 화가 치밀었던 순간들을 다 합한 만큼 화가 치밀어 오르는 때가 있어요. 몇 달 사이 그런 일이 두 번 있었어요."

코네티컷에서 일하는 컨설턴트 리차드 라딘은 그 고객의 자유

요소 점수가 굉장히 높다는 사실을 발견했다. 그 직원은 리차드
와 그 점수에 대해 심도 깊은 대화를 나누었다. 그러자 원래 간섭
을 잘 안하고 위임하는 유형인 상사가 자신이 하는 프로젝트에
부쩍 관여하기 시작하면서 기분이 나빠졌다는 사실을 깨달았다.
이러한 깨달음은 그 직원이 상사와 건강한 논의를 나누기 위해
필요한 부분이었다. 리차드는 이런 말을 했다.

"그 직원과 상사는 처음엔 두 사람의 마음을 불편하게 했던 상
황을 이제 제대로 파악하게 되었어요."

: 자유분방한 상사

휴스턴에 있는 한 대형 병원의 신임 최고경영자는 경영진의 업무
효율이 갈수록 떨어진다는 사실을 취임 한 달 만에 알아차렸다.
그는 부원장과 이사 아홉 명으로 구성된 경영진과 자신이 과도
기를 잘 헤쳐나가도록 컨설턴트 패티 코벳 한센에게 도움을 청했
다. 그는 "우리는 서로를 더 잘 알아야 합니다"라며 당면한 목표
를 한센에게 말했다.

그 최고경영자는 경영진이 자신과 효율적으로 일하는 방법을
배워야 한다고 생각했지만 여기에 큰 문제가 있다고 여기지는 않
았다. 경영진은 그들 나름대로 의욕이 안 나고 비생산적이라고
느끼고 있었지만 그게 다 개인적인 불만 때문이라고만 생각했다.

아무도 더 폭넓은 관점으로 생각하지 못했다.

새 최고경영자가 취임했을 때 병원은 바쁘게 돌아가고 있었다. 당시 병원에서는 여러 가지 위기가 감지되었는데 조직의 운영에서도 이러한 현상을 보였다. 가령 회의를 무시하는 분위기가 형성되어 경영진은 자기 나름의 결론만 내렸다. 한센은 이렇게 말했다.

"경영진은 새 리더가 자신들의 성공을 바라지 않는다고 생각했어요. 새 리더가 자기 사람들을 영입하고 현재 직원들을 해고하길 원할 거라는, 업계의 일반적인 논리를 끌어다 생각한 거죠."

'좋은 리더는 새로운 자리에서 전력을 다해 달려야 한다'는 생각을 지닌 최고경영자의 태도 때문에 그들의 패배주의적 생각은 더 심해졌다. 그는 새 환경에 대해 관찰하거나 예비조사를 전혀 하지 않고 직원들에게 필요하다고 생각하는 것을 혼자 결정해버렸다.

한센은 "서로의 자유 요소 점수를 공유했을 때 모두 아주 놀란 듯했어요."라고 말했다.

신임 최고경영자는 자유 요소에서 평소 스타일과 욕구 점수가 모두 높게 나오자 만족스러워했다. 그러면서 자신은 아주 독립적인 리더십 유형이며, 부하 직원이 특정한 상황에서 성공을 거두기 위해 필요하다고 생각하는 일은 다 할 수 있게 믿어주는 문화를 원한다고 자랑스럽게 설명했다. 한센은 그가 "어쨌든, 지시 받기를 원하는 사람은 없으니까요."라고 했던 말을 떠올렸다.

하지만 현실은 그렇지 않았다. 경영진은 대부분 자유 요소에서 욕구 점수가 낮았고 명확한 비전이 있는 안정적인 환경을 원했다. 모든 팀원이 서로가 하는 행동들을 잘 알며 함께 어느 방향으로 나가고 있는지 알고 있는 환경을 원했다. 그들은 최고경영자가 자신들이 해주길 바라는 일을 말해주지 않음으로써 자신들의 성공을 가로막고 있다고 생각했다. 상황이 좋을 때는 협력해서 일하는 분위기가 형성되기도 했다. 하지만 경영진이 각자 좋은 성과를 내는 데 필요한 부분들이 충족되지 못한다고 느낄 때면 될 대로 되라는 식으로 조용히 자기 일만 했다.

버크만 진단 결과 경영진의 권위 요소 점수가 낮게 나타났다. 이는 언어로 영향력을 발휘하려는 성향이 낮다는 의미다. 그들은 자신의 고충을 말로 드러내지 않았고 직장 밖에서 독자적으로 해결책을 찾았다. 한센은 이런 말을 했다.

"몇몇 분은 이력서를 준비해놓고 다른 곳에 자리를 찾기 시작했어요. 다들 같이 탄 배가 가라앉는 건 아닌지 걱정을 했지요."

한센은 경영진을 회의실 탁자에 모여 앉게 한 후 회사를 성공적으로 이끌려면 무엇이 필요한지 각자에게 물어보았다. 그러자 90퍼센트의 경영진이 새 최고경영자가 더 분명하고 더 자세하게 의견을 말해야 하며 직접 만나 대화하는 시간을 늘려야 한다고 말했다.

그 최고경영자가 저지른 큰 실수는 사람들이 흔히 저지르는 실수다. 즉 자신에게 필요한 부분이 다른 사람들에게도 필요하다고 판단한 것이다. 개인적 자유에 대한 욕구가 높은 그는 타인도 그럴 거라고 판단했다.

그 회의 이후 최고경영자의 행동은 완전히 변했다. 본인이 경영진에게 뭐가 필요할 거라고 판단하지 않고 경영진이 실제로 필요하다고 느끼는 부분을 충족시켜주었다. 한센은 이렇게 말했다.

"버크만의 방식으로 접근하자 그분들은 달라졌어요. 저는 시간을 들여 직원들을 파악하는 신임 경영자들에게 박수를 보내요. 전 "저한테 바라는 부분이 무엇입니까?"라고 묻는 최고경영자를 좋아합니다."

그 이후 그 회사는 주요직 인사가 바뀔 때마다 영향을 받는 팀에게 버크만 진단을 받게 했다. 그리고 팀원들이 팀의 역학관계가 어떻게 바뀔지 대화를 나눌 수 있는 회의를 열게 했다. 한센은 이런 말을 했다.

"직원들의 욕구를 만족시키는 일들은 서로 '유기적으로 연결되어' 있고, 이는 과도기에 특히 더 그렇습니다. 버크만 진단은 이 부분에 주의를 기울이게 만듭니다. 버크만 진단은 초기의 경보 장치라 할 수 있어요. 우리는 맹점을 극복하기 위해 무엇을 해야 하는지 알아야 합니다."

: 경직된 조직과 유연한 관리자

자유 요소는 미국 적십자사가 어려워했던 채용 문제에 도움을 주는 데 예상 밖의 역할을 했다. 그 조직의 운영 본부는 연이은 지도력 실패로 휘청거리고 있었다. 특히 미국 전역에 있는 수많은 지부의 프로그램에 필요한 변화를 이끄는 데 실패했다. 1년 반 사이에 운영 본부의 부원장이 세 번 바뀌었다. 그들은 여러 가지 이유로 성과를 내지 못했다. 운영 본부와 각 지부의 마찰 때문에 워싱턴에 있는 본사는 혼란에 처했다. 컨설턴트 피터 케이포다이스는 이렇게 말했다.

"본사에서 프로그램을 개발했는데 그들은 그것을 다른 지부에도 강요했어요. 각 지부의 의견을 무시하고 그저 "여기 새로운 프로그램이 있으니 시행해보세요"라고만 말했어요. 본사와 각 지부는 관계를 가까스로 이어가고 있었어요."

미국 적십자사의 경영자들 가운데 많은 이가 민간 기업의 고위직에서 오랫동안 일한 후에 경영 노하우를 전수하고 싶어 그곳에 들어간 사람들이다. 피터는 이런 점에서 그 조직이 좋은 평판을 얻었고 흥미로운 리더십 문화를 보유하고 있다고 말했다. 피터는 그것을 광범위하고 수준 높은 경험을 쌓은 인재를 끌어들일 기회로 보았다.

피터는 적십자사 운영 본부의 부원장 자격 요건을 관계 요소에서 찾았고 결과적으로 자유 요소에 초점을 두었다. 그것이 핵심 태도라고 여겼기 때문이다. 이러한 판단의 근거는 이러했다. 즉 굉장히 정치적이고 평판이 좋은 조직에서는 구성원들이 올바른 경로를 통해 정확한 대상에게 의사전달을 할 수 있어야 한다. 그리고 자유 요소 점수가 낮은 사람들이 이렇게 할 가능성이 크다. 이와 대조적으로 자유 요소에서 평소 스타일 점수가 높은 사람들은 '일단 이걸 해놓고 양해는 나중에 구해야지'라는 식으로 행동한다. 피터는 적십자 같은 조직에서 이런 행동은 위험하다고 덧붙였다.

결국 선택된 후보자는 자유 요소에서 평소 스타일 점수가 1, 욕구 점수가 22로 아주 낮은 점수를 보인 사람이었다. 피터는 "의사소통을 아주 중시하는 유형이었어요"라고 말했다. 물론 그 후보자에게는 다른 장점도 있었다. 가령 조직에 무엇이 필요한지 포착하고 다양한 필요 사이의 균형을 맞추는 법을 파악하는 감각이 뛰어났다. 피터는 "언제 의견을 내세우고 언제 굽혀야 하는지 잘 아는 사람이었어요"라고 덧붙였다.

그렇게 선택된 스콧 코너는 성공적인 리더였다. 그는 적십자의 건강 안전 관리부의 상무직까지 포함하여 오랫동안 재직한 후 2010년에 퇴임했다. 스콧은 이렇게 말했다.

"버크만 진단은 자신에게 잘 맞는 일을 찾는 데 유용합니다. 제가 적십자에서 11년 동안 일한 것은 굉장히 드문 일입니다. 제가 그곳에서 일하는 동안 상사가 열 번 바뀌고 총재는 일곱 번 바뀌었을 겁니다."

스콧은 적십자에 영입되기 전에 식품 업계에서 30년 동안 일했다. 캠벨 수프, KFC, 버거킹에서 마케팅과 영업 부서의 핵심 간부로 일했다. 적십자의 경영진은 프랜차이즈 업계에서 일한 그의 경험에 주목했다.

스콧은 적십자에 영입되자 예전에 음식업체 가맹점을 다루듯 적십자 지부들을 다루었다. 그는 관리자로서 지시를 내리기 전에 먼저 전국을 돌아다니며 각 지부를 방문했다. 그렇게 해서 각 지부의 특성과 필요를 파악하고 난 후에 현지 관리자에게 본사의 목표를 설명했다. 스콧은 이렇게 말했다.

"나중엔 여러 지부에서 사람들을 영입해 중요한 자리에 앉혔어요. 그러자 1년도 안 되어 좋은 관계가 형성되었고 신뢰도 얻었어요. 그 후론 적십자를 성장시키기 위한 전략적 계획을 함께 세울 수 있었어요. 정말 멋진 경험이었습니다."

: 변화 추구

변화 요소 점수가 높은 사람들은 사무실 문화를 무력하게 느끼고, 방해물과 계획되지 않은 사건이 활력을 돋아준다고 생각하는 때가 많다. 그들은 직장에서 하루에 다양한 일들을 하는 것을 좋아하며 어제와 오늘이 똑같지 않기를 바란다.

캐나다 밴쿠버에 있는 캐나다 침례교회의 부목사는 자신이 하는 일과 가정생활에 방해가 되지 않는 범위에서 다양성과 새로운 경험에 대한 자신의 강한 욕구를 만족시킬 방법을 찾아야 했다. 그 부목사는 남을 가르치는 일을 좋아했다. 존중 요소에서 그의 점수가 높은 것을 보면 그가 사람들과 소통하는 것을 편안하게 느낀다는 점을 알 수 있다. 사람들은 짧은 시간이라도 그와 알고 지내는 동안에는 그를 많이 좋아했다. 하지만 그는 한 곳에서 계속 일하는 것을 힘들어했다. 컨설턴트 조나단 마이클은 이런 말을 했다.

"그분은 곰 인형 같은 푸근한 인상이었지만 교회를 자주 바꾸셨어요. 대부분 지루함 때문이었죠. 그래서 아무도 그분이 한 곳에 계속 머무를 거라는 생각을 하지 않았어요."

그 부목사가 그동안 채용이 잘 되긴 했지만 이력서에 명시된 잦은 이동 사항은 경고 신호와 같았다. 그의 아내는 "또 무슨 일이예요? 이사 가는 것도 진절머리가 나요"라고 말했다고 한다.

사실 그 부목사는 변화 요소에서 욕구 점수가 90이었다. 마이클은 이렇게 말했다.

"그분은 자신을 이해하는 사람들을 원했어요. 일에서 행복감을 느끼고 한 곳에 계속 있으려면 새로운 도전과 새로운 프로젝트가 필요한 분이었어요."

마이클은 그 침례교회와 이미 일적으로 공고한 관계를 맺고 있었다. 그래서 그 부목사가 교회에서 다양한 책임을 맡고 앞으로 진행할 새로운 프로젝트를 이끈다는 점이 명시된 업무 협상을 하는 데 도움을 주었다. 그는 담임 목사의 상담 업무를 많이 넘겨받았다. 강한 옐로우 유형인 담임 목사는 행정 업무를 더 많이 맡게 되자 만족스러워했다. 마이클은 이렇게 말했다.

"두 분 모두 자신이 더 잘하는 일을 하면서 만족스러워하고 있어요. 우리는 두 분이 맞춰야 하는 직무 기술서를 버리고 직무 기술서를 두 분의 흥미 분야와 욕구에 맞췄어요."

: 직원들의 사기가 떨어진 진짜 이유

셀리아 크로슬리는 만만치 않은 구조조정을 단행해야 하는 최고경영자와 최고운영책임자를 코칭해주었다. 두 사람 모두 변화 요소의 점수가 낮았다. 미국 중서부에 있는 한 제조업체의 경영자들은 버크만 프로젝트를 도입했다. 자사의 고객들을 다른 업체에게 빼앗기면서 수입 손실이 발생하자 긴장감을 느꼈기 때문이다. 회원제로 운영하던 그 업체는 경제 상황이 소규모 업체에 유리하게 바뀌면서 수익이 줄어들었다. 이 업체는 직원들을 해고하지 않고 직원들의 봉급을 삭감했다.

두 경영자는 직원들의 업무 스트레스 징후를 포착했다. 직원들은 서로 매몰차게 대했고, 그 결과 협력이 이루어지지 않아서 일을 제대로 완성하지 못했다. 봉급 삭감으로 직원들의 스트레스와 불안감이 높아졌다. 직원들이 일에 대한 열정을 잃으면서 전반적인 생산성이 떨어졌다.

셀리아는 두 경영자에 이어 모든 경영진에게 버크만 진단을 받게 했다. 진단 결과 최고경영자와 최고운영책임자는 조직의 혼란스러운 상태에 특히 취약한 것으로 나왔다. 변화 요소에서 최고경영자는 매우 낮은 점수가 나왔고 최고운영책임자도 비슷한 점수가 나왔다. 이는 두 사람이 예측 가능성을 굉장히 선호한다는 점을 의미한다. 하지만 당시는 예측 가능성이 줄어든 상황이었다. 버크만 보고서의 '주시해야 할 차이점' 부분은 두 경영자가 서로를 대할 때 발생 가능한 문제점을 정확히 파악하는 데 도움이 되었다. 가령, 최고경영자는 겉으로는 계획을 융통성 있게 짜는 것 같아도 실제로 자신이 따라야 할 꼼꼼한 계획을 원했다(체계 요소에서 그의 평소 스타일 점수는 29, 욕구 점수는 66이었다).

경영진은 자신들이 느끼던 중압감의 본질과 사무실에서 긴장감을 일으키는 행동들을 파악했다. 그러자 자신들이 바라던 안정적인 환경이 뒷받침되지 않았음에도 안정된 마음으로 협력할 수 있었다. 그들은 줄어든 수익을 회복하기 위한 계획을 세웠다. 셀리아는 이렇게 말했다.

"그분들은 자신의 행동뿐만 아니라 다른 경영진의 행동을 제대로 파악했기 때문에 지금 더 나은 상황에서 일한다고 볼 수 있어요. 그 힘으로 조직을 다시 안정적으로 이끌었고 그 결과 지금 그 업체는 다시 성장세에 있습니다."

비영리 단체

버크만 인터내셔널에 등록된 업체 가운데 약 10퍼센트는 다양한 종교 단체와 헤이퍼 인터내셔널 같은 세계적 비영리 단체다. 버크만 인터내셔널에서 이러한 단체에게 도움을 주는 방식은 영리업체에 도움을 주는 방식과 거의 비슷하다. 그러니까 팀 구축, 업무 효율성 향상, 구성원 사이의 갈등 해결에 도움을 주는 것이다. 비영리 단체들도 어떤 개인의 진정한 흥미 분야와 욕구를 찾는 일이 아주 중요한 상황일 때 적극적으로 버크만 진단을 이용하기도 한다. 서비스 제공이 중심 업무인 이러한 단체들은 대개 조직을 정상으로 만들고, 업무에 대한 부담감을 덜어내고, 혼란스러운 환경에서 화합을 꾀하기 위해 버크만 진단을 이용한다.

해피 투게더

선교 단체 크루에서 일하는 국제적 컨설턴트 사이 파머는 지난 40년 동안 아프리카와 유럽에서 복음주의 기독교 단체를 위해 일했다. 파머는 대개 직원 훈련과 계발을 용이하게 해주고 사람들이 타국에서 일자리를 구하는 것을 돕는 데 버크만 진단을 이용한다. 그는 "한 개인이 많은 사람들과 더 효율적으로 일하게 돕는 데도 버크만 진단은 아주 유용합니다"라고 말했다.

종교 단체 구성원들의 한 가지 목표는 신앙을 서로 공유하는 일이다. 그렇기 때문에 버크만 진단은 각 개인에게 자신이 타인의 눈에 어떻게 보이는지 파악하고 타인의 욕구와 관점을 존중하는 데 도움이 된다. 파머는 "그렇지 못할 경우 사람들은 '나한테 효과가 있는 방법은 타인에게도 효과가 있을 거야'라는 자기만의 관점으로 타인과 관계를 이어가게 됩니다"라고 말했다.

파머는 뒤이어 "다섯 사람이 모두 신을 사랑한다고 해서 그들이 꼭 협력을 잘하는 것은 아닙니다"라고 말했다. 파머는 독일의 선교사 두 명이 동유럽 국가로 선교 여행을 떠났던 때를 떠올렸다. 한 사람은 곧장 출발하려 했으나 다른 한 사람은 계획을 모두 세운 후에 떠나려 했다. 한 사람은 자유 요소 점수가 높고 체계 점수가 낮았으며, 다른 한 사람은 자유 요소 점수가 낮고 체계 요소 점수가 높았다. 전자는 "내일 아침 일찍 떠납시다. 그러면 밤 열한 시쯤 도착할 텐데 목사님 댁에 가면 잠자리를 마련해줄 겁니다"라고 말했다고 한다. 그러자 후자는 "최소한 출발 3일 전까지 현지 호텔에서 예약 확인증을 받아야만 출발할 수 있어요"라고 대답했다고 한다.

이 두 사람은 스트레스를 받자 평소에 상대방을 바라보던 시각을 더 부풀려서 생각했다. 한 사람은 상대방을 너무 걱정이 많고 너무 순응적이라고 생각했다. 다른 한 사람은 상대방을 예측 불가능하고 이기적이며 충분한 생각을 하지 않는다고 보았다. 그랬던 두 사람은 버크만 진단 결과를 보자 상대방의 관심사를 이해하게 되었다. 또한 서로의 차이점을 잘 다룰 수 있음을 알게 되었다. 파머는 이런 말을 했다.

"그러더니 두 사람은 악수를 했어요. 그리곤 그들의 선교 목표를 함께 달성하자는 새로운 마음가짐으로 방에서 나갔습니다."

돌아온 길

마크 해들리는 마약 소지, 절도, 음주 운전 등의 혐의로 성년기를 대부분 교도소에서 보냈다. 마크는 2012년에 네 번째 형에서 풀려나기 전 1년여 동안 텍사스 교도소에서 시행한 회복 프로그램에 참여했다. 그때 컨설턴트 토미 도셋이 그에게 버크만 진단을 받게 했다. 마크는 전형적인 옐로우 유형에다 체계 요소 점수가 높게 나왔다. 토미는 그 결과로 볼 때 마크가 절차와 실행 계획을 아주 좋아한다는 점을 알 수 있었다고 말한다.

토미의 말은 맞았다. 교도소에 있던 마크에게 주어진 일은 행정 업무였다. 마크는 가령, 주립 고속도로 관리부를 위해 관리 사무원 일을 했는데 항상 그 일을 잘했고 즐겁게 했다. 사회에서 하던 건설 공사 일보다 그 일을 더 좋아했다. 마크가 진단 결과지를 볼 때 교도소에 있던 사람들이 옆에서 그 내용을 보더니 "그거 말이 되네"라고 했다. 마크는 이런 말을 했다.

"버크만 진단 결과는 제게 길을 보여줬어요. 제가 저에 대해 알고 있던 것 그 이상의 길을 말입니다. 그러자 제가 미쳤다는 생각을 더는 하지 않게 되었어요. 전 항상 육체노동자로 일했어요. 이젠 자신에게 맞는 일을 찾을 수 있다는 사실을 알게 되었어요. 그리고 그 깨달음을 그냥 지나칠 수 없었어요. 예전에 전 지루함을 달래려 술을 마셨어요. 그러다 문제를 일으켰고 그리곤 처음부터 다시 시작해야 했어요. 하지만 이제 모든 게 분명해 보여요."

토미는 휴스턴에 있는 초교파 교도소 선교회인 이너체인지 프리덤 이니셔티브InnerChange Freedom Initiative 측과 손잡고 주로 텍사스와 미네소타에서 일하고 있다. 이 선교회는 교도소에 있는 사람들이 사회로 다시 복귀하는 일을 돕는다. 마크가 있던 교도소에서 이러한 절차의 첫 단추는 바로 버크만 진단을 받는 일이다. 토미는 재소자들이 수감생활의 스트레스를 현명하게 다루도록 돕는 데에도 버크만 진단을 이용한다면서 이렇게 말했다.

"사람들은 자신들의 욕구를 이해하지 못할뿐더러 그것을 타인에게 어떻게 표현해야 하는지 알지 못합니다. 버크만 진단으로 행동이 극적으로 변한 재소자들도 있습니다."

마크는 53세에 출소한 후 도움을 받아 휴스턴 소재의 목공 제품 생산회사에 운영 담당자로 취직되었다. 마크는 모든 물품과 장비를 제대로 주문해서 매일 제때에 정확한 현장에 도착하게 하는 일을 책임지고 있다. 마크는 이렇게 자랑했다.

"휴스턴 시내에 있는 역사적 건물의 보안 데스크 작업에 필요한 물품도 제가 조달해주었어요."

마크는 버크만 진단으로 자기에게 맞는 직업을 알게 되었을 뿐만 아니라 실제로 그 직업을 얻게 되었다고 느꼈다. 마크는 상사가 될 사람에게 자신의 버크만 진단 보고서를 보여주었다고 한다. 그래서 자신의 선호도, 자신을 대하는 방법, 자신이 스트레스를 받을 때 하는 행동을 알려주고 싶었다고 한다. 예를 들어, 진단 보고서에는 그가 감정이 격해지면 일을 빨리 처리하고 생산성이 떨어진다고 나와 있다. 마크는 "이건 정말 맞는 말이다"라고 했다. 마크는 그 진단은 자신이 하고 싶은 일의 유형이 '타고난 능력'을 발휘할 수 있는 일이라는 점을 증명해주었다는 사실이 더 중요하다고 말했다.

적용

"버크만 진단 덕분에 제가 해야만 하는 일을 잘할 능력이 있다고 느끼게 되었어요"라고 마크는 말했다. 마크의 고용주도 이에 동의했다. 마크는 최근의 인사 고과에서 승급되었다. 회사 측은 마크가 취직 후 8개월 동안 일을 아주 잘했기에 마크가 있던 교도소에서 사람을 한 명 더 채용할 계획을 세웠다. 마크는 이런 말을 했다.

"개인적으로 마음이 편안합니다. 교도소에서 나온 후 제 욕구를 충족시키는 방법을 알게 되었습니다."

제11장

당신은 스스로 만족하는 사람인가?

도전 요소는 버크만 진단을 여느 유사한 진단들과 다르게 만들어주는 요소다. 도전 요소에서 욕구는 주변 사람들에게 자신을 긍정적 측면으로 드러낼 수 있는 정도를 나타낸다. 당신은 겉으로 보기에 자신감 넘치는 사람인가, 아니면 자기 비판적인 사람인가? 당신은 자연스럽게 자신감을 풍기면서 타인의 마음을 끌리게 하는가, 아니면 자신을 내세우지 않고 낮추면서 타인의 마음을 끌리게 하는가?

이는 단지 개인의 특성에 대한 문제가 아니다. 개인이 자신과 타인을 어떻게 인식하느냐의 문제이기도 하다. 이것은 달성 가능한 성과를 이루려고 자력으로 나서는지, 아니면 만만치 않은 일을 애써 해내려고 타인의 도움을 받아들이거나 적극적으로 요청하는지를 보여준다. 두 가지 모두 성공에 이르는 길이다. 하지만 당신에게는 어떤 유형이 더 효과가 있는가? 버크만 프로젝트의 11가지 관계 요소 가운데 도전 요소는 개인의 모든 언행에 영향을 주는 기본적 시각을 측정한다는 점에서 가장 두드러진다. 이것은 모든 관계 요소를 아우르는 중요한 요소다. 또한 개인의 기본적 관점에 내재된 타인과 자신에 대한 시각을 나타낸다.

도전은 자유와 마찬가지로 여느 관계 요소들과는 차별화된 요소다. 이 요소에서는 평소 스타일, 욕구, 스트레스 반응이라는 세 가지 특성이 측정되지 않는다. 도전은 지각의 중요한 여과 장치이며 영향력이 아주 큰 요소다. 도전 요소의 점수는 겉으로 드러난 자신감의 정도와 관련해 중요한 정보를 제공한다. 또한 자기 비판적 성향과 타인의 도움을 빌리려는 경향이 어느 정도인지 알 수 있는 단서가 된다.

회사의 첫 면접 자리에서 스스로 자신을 평가해야 할 때 개인의 도전 요소 특성이 드러난다. 면접에서 최고의 점수를 받지 못한 사람이라도 최종 후보가 되기도 한다. 버크만 진단 결과가 반영되어 최종 후보가 되는 경우도 있기 때문이다.

대부분의 사람들은 도전 요소의 점수 스펙트럼에서 중간 즈음에 위치한다. 이는 조건과 상황에 따라 자신감을 드러낼 수도 있고 자기 비판적으로 될 수도 있다는 의미다. 중간 점수를 50이라 할 때 일반적으로 사람들은 40에서 60 사이에 분포한다. 그러니까 누구나 자신감과 확신이 넘치는 태도와 자기 비판적인 태도를 다 보일 수 있다는 말이다.

섬에서 혼자 산다면 자신감을 얼마나 잘 드러내는가 하는 부분은 중요한 문제가 되지 못한다. 하지만 도전 요소는 당신이 사회적 맥락에서 자신을 어떻게 보는지와 '다른 사람들은 나를 어떻게 볼까?'라는 당신의 생각을 측정하는 유용한 척도이다.

당신은 자신에게 이렇게 물을 수 있다. "나는 다른 사람들 눈에 성공한 사람으로 보일까? 나는 내 자신이 다른 사람들보다 더 낫다고 생각하는가 아니면 못하다고 생각하는가?"

예를 들어 컨설턴트는 도전 요소와 관련해 당신에게 조언을 할 때 당신이 직장에서 타인의 칭찬을 받아들이지 못하는 사람이라면 이미지가 나빠질 수 있다는 점을 지적할 것이다. 이럴 때는 칭찬 후에 이어질 어색함을 피하기 위해 코칭이 필요할 수 있다. 당신은 언제 지나칠 정도로 겸손해지며 언제 보상과 동료들의 칭찬을 더 받고 싶어 하는가?

성공을 거둔 영업사원이나 전문가는 의사소통과 설득 능력이 뛰어나다. 이들은 대부분 관계 요소에서 도전 요소 점수가 낮다. 당신은 시청자로서 뉴스 진행자가 부드럽고 편안한 인상을 주기를 바랄 것이다. 이는 도전 요소 점수가 낮은 사람들의 특징이다. 그들은 사람의 마음을 잘 끌어당기며 자신의 좋은 면을 잘 드러낸다. 그들은 자신이 성공을 거두었다는 이미지를 풍기는 것을 중요하게 생각하며 그러한 이미지를 유지하려는 마음이 강하다. 그래서 일이 잘못되었을 때 공개적으로 비난을 피하는 행동을 할 수 있다. 마음으로는 그 비난이 정당할지 모른다는 걱정을 할지라도 말이다.

최고경영자들 가운데 도전 요소의 점수가 낮은 편에 속하는 사람들이 많다. 그들은 자신감 있는 태도를 보이고 사회적으로 바람직한 상황에 자신을 잘 맞추며 자신의 유능함을 드러낸다. 버크만 진단 결과를 보면 고위 경영층을 포함하여 높은 성과를 내는 경영자들의 도전 요소 점수는 낮은 편이다. 일반적으로 도전 요소의 욕구 점수를 나타내는 스펙트럼의 양극단에서 낮은 쪽에 속하는 사람은 당황스러운 실패와 맞닥뜨리지 않기 위해 자신에게 합리적인 목표를 정하는 경향이 있다.

이 스펙트럼의 다른 쪽 끝에 속하는 사람들은, 그러니까 도전 요소의 욕구 점수가 높은 사람들은 자신의 좋은 면을 드러내는 일을 어렵게 생각한다. 그들은 자기 비판적인 경향이 있으며 아무리 자신의 통제권 밖의 영역이어도 일이 잘못되었을 때 자신을 비난한다. 그들은 크게 실패할 가능성이 있음에도 대단히 곤란한 일을 떠맡기도 한다. 어려운 목표를 이루려는 추진력을 발휘하는 것이 자신을 긍정적으로 생각하는 데 도움이 되기 때문이다.

당신이 다른 사람들을 이끌어야 하는 위치에 있다고 해보자. 당신은 그들이 타인의 눈에 긍정적으로 보이길 바라는 마음을 유지하도록 어떻게 도울 것인가? 자신감이 아주 넘치는 직원이나 너무 자기 비판적인 직원을 어떻게 이끌어줄 것인가?

: 리더십과 도전 요소

신시내티에서 컨설턴트로 일하는 토드 우터스텟은 한 의료기관의 경영자 한 사람을 6개월 동안 코칭해주었다. 사람들은 그를 가능성 많은 경영자로 보았고 이후에 최고경영자 후보가 될 사람이라고 생각했다. 그곳은 한 가족이 소유한 지방 기관으로 어르신들을 대상으로 다양한 서비스를 제공한다. 가령 예약을 하지 않아도 진료를 받을 수 있고 24시간 자택 치료도 가능하다. 이 의료기관의 고위 경영진은 승계 계획을 짜기 시작했고 토드의 고객인 그 경영자를 후보로 고려했다. 그 의료기관을 소유한 가족의 일원이자 30대인 그 경영자는 능력이 아주 뛰어났지만, 최고경영자 자리에 오르기에는 젊었고 상당한 코칭을 받을 필요가 있었다.

버크만 진단 결과 그 경영자는 도전 요소의 점수가 낮았다. 이 부분은 최고경영자 준비 훈련과 코칭에서 중요하게 고려된 사항이었다. 토드는 우선 열두 명이 넘는 그의 동료들이 작성한 많은 분량의 다면 평가서를 그와 함께 검토했다. 토드는 비판 부분을 가볍게 넘어가려 애썼다. 도전 요소의 점수가 낮은 사람들은 다른 사람 눈에 좋게 보이고 싶어 하며 자신에 대한 비판을 두려워하는 경향이 있다는 점을 알았기 때문이다. 토드는 이런 말을 했다.

"평가서를 함께 검토하면서 기분이 어떠냐고 계속 물어보았어요. 그분은 검토 작업을 계속 하자고만 했어요."

나중에 그 경영자는 토드에게 검토 과정이 괴로웠다고 고백했다. 너무 괴로워서 토드를 탁 때리고 싶었다는 농담도 곁들였다. 하지만 그는 토드가 자신을 이상하게 생각할까봐 그만두자는 말을 하지 못했다. 토드는 이런 말을 했다.

"그런 걸 보면 도전 요소 점수가 낮은 사람은 어떤지 잘 알 수 있지요!"

두 사람은 도전 요소 점수가 낮다는 것이 무엇을 의미하는지 깊이 있는 대화를 나누었다. 여기에 속하는 사람들은 달성 가능한 목표를 세우고 싶어 한다. 그래서 그 경영자는 타인의 비판 가운데 건설적인 비판은 받아들이는 법을 배우기로 했다. 토드는 "예전에는 그러한 비판에 마음을 열지 못했어요"라고 말했다.

지금 그는 책임이 더 큰 자리에 앉아 있다. 그는 코칭을 받으며 보냈던 시간과 특히 자신의 도전 요소 점수가 낮다는 점을 이해했던 순간을 중요하게 생각한다. 토드는 이렇게 말했다.

"이제 그분은 결정을 내릴 때 더 깊이 생각합니다. 그래서 자신이 내리는 결정이 타인의 눈에 좋게 보이기 위한 것인지, 아니면 조직을 위한 최선의 조치인지를 자문합니다."

그 의료기관에선 여전히 리더십 교육이 이루어지고 있으며 토드가 맡았던 고객도 그 교육에 참여하고 있다.

: 내 잘못이 아니로다

버크만 컨설턴트 메리 루스 버튼은 도전 요소의 점수가 높은 한 관리자에게 코칭을 해주었다. 그 여성은 금융기관의 관리자로 좋은 성과를 내어 예기치 못하게 여러 번의 승진을 거듭해서 사원에서 임원까지 올라간 사람이었다. 메리 루스는 이런 말을 했다.

"그분이 애초에 높은 자리를 목표로 삼은 것은 아니고 회사 측에서 갈수록 책임이 더 부과된 업무를 그분에게 맡겼어요. 그러면서 본의 아니게 훌륭한 관리자로 성장했어요."

그 여성 임원은 도전 요소의 점수가 98이었다. 이는 회사 내에서 성과 문제나 직원들 사이에 문제가 발생할 때마다 이 여성이 자신을 탓하는 경향이 있다는 의미다. 그 여성은 이해심 많은 태도 때문에 동료들 사이에 인기가 있었다. 하지만 그 직원들의 상사 자리에 오르게 되니 자신과 직원들 사이에 어느 정도 선을 긋는 법을 배워야 했다. 그래서 개개인을 만날 때마다 자신이 기본적으로 어떤 시각을 지녔는지 떠올리고 상황에 맞게 그 시각을 조절했다. 메리 루스는 이렇게 말했다.

"그분은 직원들을 대하는 데 아주 능숙해졌어요. 이젠 직원들이 각자의 강점을 파악하고 그것을 제대로 활용하는 법을 이해하게 도와주고 있어요."

그 여성은 코칭을 통해 자신에게 관대해지는 법도 배웠다. 뿐만 아니라 직원이 한 행동을 바탕으로 그 직원에 대한 결정을 내릴 수 있다는 점을 이해하게 되었다. 아무리 어려운 결정이라도 말이다. 그리고 '내가 뭘 잘못해서 직원들이 저런 행동을 하는 걸까?'라는 생각은 잘못되었다는 점을 받아들였다.

: 서로 다른 두 사람

애틀랜타의 컨설턴트 에스더 S. 포워스는 남자친구에게 버크만 진단을 받게 했다. 그 결과 도전 요소의 점수가 서로 아주 다르다는 점을 알게 되었고, 그 차이점을 자신에 유리하게 이용하기로 했다. 에스더는 "전 진단을 좋아해요. 그래서 함께 하고픈 사람을 선택할 때 진단이 아주 좋을 방법이 될 거라 생각했어요"라는 말을 했다.

에스더의 남자친구 톰은 버크만 진단을 받았다. 에스더는 진단 결과를 보고 두 사람이 잘 맞는다고 생각했다. 하지만 도전 요소 점수는 예외였다. 에스더는 이렇게 말했다.

"전 도전 요소 점수가 높고 톰은 낮았어요. 그 사람은 사람들의 인정을 받는 것을 좋아해요. 두 사람이 잘 지내지 못할 때 도전 요소는 흔히 문제가 됩니다. 큰 문제가 될 수 있어요. 도전 요소 점수가 낮은 사람들은 "난 성공한 사람으로 보이고 싶어. 그래서 다른 사람들이 그렇게 생각해주도록 내 능력 안에서 무엇이든 할 거야"라고 말해요. 때론 그것이 과시하듯 보이기도 하죠.

도전 요소 점수가 높은 사람들은 문제를 해결하고 싶어 해요. 이들에게는 문제가 클수록 더 좋아요."

두 사람이 스트레스를 받을 때 그 차이점이 확연히 드러난다. 에스더는 뒤이어 말했다.

"전 완벽주의자이고 까다롭고 준비성이 좀 지나쳐요. 모든 일에 큰 목표를 세우는데 제가 일굴 가정도 그런 식으로 돌아갔으면 좋겠어요. 톰은 사람들의 호감을 저보다 더 많이 사고 무난한 방식을 따라가고 일을 곧잘 해내요."

에스더는 톰과 결혼했고 도전 요소 점수가 낮은 남편의 특성을 잘 받아들였다. 이제는 어떤 상황이 닥쳤을 때 '남편이라면 어떻게 했을까?'라고 자문한다고 한다.

피츠버그에서 일하는 컨설턴트 더그 레너드는 논쟁을 해결하는 데 도전 요소 점수의 영향력이 크다고 생각한다. 더그는 정부 기관에서 일하는 두 기술자가 사적인 감정싸움이 돼버린 불화를 끝내는 데 도움을 주어야 했다. 두 사람의 불화는 팀의 업무에도 영향을 줄 정도였다. 더그는 이렇게 말했다.

"둘의 상사는 불만이 이만저만이 아니었어요. 두 사람의 협력이 팀 프로그램의 성공에 중요했어요."

둘의 악감정은 오래되었고 시간이 지나며 일상화되었다. 하지만 두 사람의 업무 능력에는 차이가 없었다.

더그가 그들과의 대화에서 언급한 관계 요소는 도전 요소였다. 관계 요소에서 한 기술자의 점수는 6이고 다른 기술자의 점수는

81이었다. 더그는 "전 두 사람에게 특히 중요한 프로그램을 맡을 때 스트레스를 받으면 서로에 대한 오해가 어떻게 커지는지 보여주었어요"라고 말했다. 도전 요소 점수가 높은 기술자는 프로그램에서 문제가 발생하면 상대 기술자가 책임을 회피한다고 생각했다. 한편 도전 요소 점수가 낮은 기술자는 자기의 노고에도 인정을 받지 못할 때 화가 났고 자신의 신뢰성이 떨어지는 것에 진저리를 쳤다. 더그는 이런 말을 했다.

"제가 관찰한 결과 두 사람은 이기기 위해 싸우는 사이클에 갇혀 있었어요. 버크만 진단을 해보니 두 사람 모두 권위, 자유, 이익 요소에서 스트레스 점수가 높았어요."

이러한 점수들은 두 사람이 갈등을 악화시키는 경향이 있음을 나타낸다. 그들은 상대방이 하는 말에 귀를 기울이지도 않고 과거 이야기를 꺼냈으며 논쟁을 벌이다가 해서는 안 될 말도 했다.

더그는 버크만 진단 보고서를 이용하여 두 사람과 대화를 나누었다. 더그는 "두 사람은 서로 공통점이 많다는 사실에 놀랐고 그러한 공통점이 보고서에서 강조되어 있다는 사실에도 놀랐어요"라고 말했다. 둘은 단 한 번의 대화 모임만으로도 서로 화합하는 데 동의했다. 더그는 "공동의 적을 무찌르기 위한 새로운 동맹 관계가 형성된 셈이죠"라고 덧붙였다. 이후 두 사람은 예전보다 평화롭게 협력할 방법을 찾았다.

: 내면 들여다보기

휴스턴에서 컨설턴트로 일하는 패티 코벳 한센은 개인에게 자기 자신을 명확히 들여다보도록 돕는 데 가장 중요한 역할을 하는 관계 요소가 바로 도전 요소라고 생각한다. 한센은 버크만 프로젝트를 적용할 때 이 요소를 가장 많이 활용한다. 한센은 이런 말을 했다.

"저는 사람들이 자기 자신에 대한 신뢰를 회복하는 일을 돕기 위해 뭔가 하고 싶었어요. 버크만 진단은 도움을 요청하기 위해 다른 사람을 찾는 대신 이러한 질문에 답이 되어줍니다. '내 안에 도움이 될 만한 것이 무엇이 있을까?' 버크만 진단은 각자의 강점에 빛을 비추어줍니다. 그리고 어떻게 하면 좀 더 회복력 있는 인간이 될지 파악하는 데, 자신의 문제를 해결할 재원이 자기 안에 있음을 믿는 데 도움이 됩니다."

버크만 프로젝트의 여러 장점 가운데 한 가지는 그것이 개인으로 하여금 사회적 맥락에서 자기 자신과 자신의 행동 유형을 들여다볼 수 있게 해준다는 점이다. 다시 말해 여러 가지 질문에 유용한 대답을 찾는 데 도움이 된다. 가령 이러한 질문들이다. 나의 일상 행동과 동기 요인이 되는 욕구는 내가 직장 안팎에서 대하는 사람의 행동과 욕구와 어떻게 비교가 되는가? 나는 내가 속한 팀의 구성원들과 어떻게 비슷하고 어떻게 다른가? 흥미 분야에서 나와 배우자는 얼마나 다른가? 사람들은 각각 재충전하는 방식이나 에너지가 고갈되는 방식이 어떻게 다른가?

결국 가장 중요한 것은 우리가 우리 모두의 내면에 가지고 있는 것을 이해하는 데 도움이 될 대답을 원한다는 점이다. 모두가 내면에 가진 것이란 바로 타인에게 사랑받고 싶고 인정받고 싶으며, 타인에게 사랑과 인정을 줌으로써 위안과 만족을 얻고자 하는 심오한 인간적 욕구이다.

인생의 다음 단계

앞으로 건강하게 오래 살고 한 가지 이상의 직업에 종사하는 사람들이 많아질 것이다. 때로 우리는 가정과 직장생활의 균형을 유지하면서 일상의 작은 탈출을 원한다. 직장을 완전히 떠나기로 한 사람은 오랫동안 품어온 꿈을 이루기 위한 인생 계획을 세웠을지도 모른다. 이러한 인생의 각 단계에서 다음 단계가 어떻게 펼쳐질지 항상 명확하게 알 수는 없다. 오랜 시간 동안 직장과 가정에서 상대방의 요구를 충족시키며 보냈다면 자신이 무엇을 원하는지조차 모르기 마련이다. 버크만 진단은 우리 자신의 동기 요인과 욕구를 알려주거나 각인시켜준다. 그 결과 우리가 다음에 취하게 될 행동은 우리 자신에게 더 나은 선택이 될 것이다.

군 경험의 변환

군복무를 하다가 일반 직장에 들어가는 일은 어렵고도 힘든 과정이다. 해군 조종사 출신으로 현재는 군 장교들의 코칭을 전문적으로 해주는 토니 파머는 "특정한 유형의 사람들이 군대에 매력을 느낍니다"라고 말했다. 버크만 진단에서 흔히 이런 유형의 사람들은 권위 요소의 욕구 점수가 높고(우두머리가 누구인지 아는 것을 좋아한다) 체계 요소의 욕구 점수도 높으며(시스템과 절차가 갖춰 있는 것을 선호한다) 자유 요소의 욕구 점수는 낮다(개성을 표현할 필요성을 잘 못 느낀다). 토니는 전형적인 군인 유형에 속하지 않는 사람은 조종사나 특수 부대 일원이 될 가능성이 높다고 말했다. 이러한 일들은 체계 요소 점수가 낮고 자유 요소 점수가 높은 사람들이 할 만한 일이기 때문이다.

하지만 군대에 있던 사람들은 그곳에서 어떻게 지냈든지 간에 군대를 떠나 일반 직장에 들어갈 때 과도기 문제를 겪는다. 토니는 이런 말을 했다.

"그들은 예전에는 자유를 못 누리다가 갑자기 너무 많은 자유에 맞닥뜨리게 됩니다."

다른 조건들이 동일하다고 할 때 전역한 군인들이 직면하는 가장 큰 장애물은 예전에 군대에서 했던 일과 연관성이 있는 직업을 찾기가 항상 쉽지 않다는 점이다. 이러한 단절성 때문에 이력서를 쓰고 일자리를 찾는 과정이 힘들어지기도 한다. 토니는 이렇게 말했다.

"문제는 경험의 변환입니다. 그들의 경험은 일반인들이 쉽게 이해하지 못하는 언어와 책무로 이루어져 있어요."

버크만 인터내셔널은 이러한 문제를 해결하기 위해 일반적인 진단 보고서 외에도 크로스워크Crosswalk를 제공한다. 크로스워크는 전역 군인들이 일자리를 찾고 회사들이 이들을 채용하는 데 도움을 주기 위해, 군대 내 업무와 민간인 직업 사이의 연관성을 목록으로 만들어놓은 것이다. 토니는 이런 말을 했다.

"버크만 진단의 가치는 군대에 있던 사람들이 자신의 타고난 재능과 강점을 이해하는 일을 돕는 데 있습니다. 이는 자신에게 가장 잘 맞는 일을 파악하고 일자리를 찾는 데 중요합니다."

토니는 8년 동안 군복무를 했던 육군 장교에게 코칭을 해주었다. 그는 자료와 기록 관리 업무에서 뛰어난 성과를 보였다. 그가 일반인 직업을 찾기 시작했을 때 처음 맞닥뜨린 난관은 자신의 폭넓은 경험이 직업으로 의미 있게 변환되어야 한다는 점이었다. 그는 자신의 경험을 버크만 직종 보고서Job Families Report에 나온 직무 기술서와 연결시켜보면서 이 난관을 가까스로 해결했다. 또한 채용 담당자나 인사 부장 앞에서 면접을 볼 때 버크만 진단 결과의 평소 스타일 점수를 언급하며 여러 업무 분야에서 자신의 강점을 강조했다. 그는 7개월 만에 중요한 시행정 기관에서 기록 서비스를 담당하는 억대 연봉의 고위 관리자로 취직되었다.

전직 공군 대위로 콜로라도의 컨설턴트인 데니스 M.은 많은 퇴역 군인이 자신에게 맞는 일반 직업에 대한 논의를 꺼리는 것은 물론, 군대에서 어떤 일을 했는지 말하는 것도 꺼려한다고 말했다. 데니스는 "군에서 해야만 했던 일을 계속 해야 하는 건 아닙니다. 자신이 정말 하고 싶은 분야로 옮겨갈 수 있는 거죠."

데니스는 자신이 코칭해주는 사람들 가운데 상당수가 복무 기간 동안 육체적, 정신적 외상을 입은 사람들이라고 했다. 데니스는 버크만 프로젝트를 이용하여 그들에게 스트레스를 유발할 만한 요인을 알려주었다. 하지만 일반적으로 퇴역 군인들은 자신들이 좋아했던 체계뿐만 아니라 동지애와 군 업무에 대한 책임감의 상실 때문에 내버려진 기분을 느낀다고 데니스는 덧붙였다. 데니스는 콜로라도 주방위군 출신으로 취업이 되지 않았던 사람들과 그들의 배우자들을 2012년 10월에 진행한 조종사 취업 프로젝트 기간에 코칭해주었다. 열두 명의 첫 참가자들이 4주 과정을 마친 후 두 달이 지났을 때 두 명은 이미 새 직업을 찾은 상태였다. 데니스는 버크만 프로젝트 덕분에 그 과정을 성공적으로 이끌었다고 말했다. 그 과정은 40시간 연수로 이루어지며 버크만 진단으로 시작된다. 뒤이어 참가자들은 이력서 쓰기와 면접 기술 등을 배운다.

40대인 한 참가자는 20여 년 동안 군에서 복무하다가 은퇴한 사람이었다. 그는 언어와 정보 수집 능력이 뛰어났다. 버크만 진단 결과 당연히 읽고 쓰기 분야에 흥미 점수가 높게 나왔고, 설득과 기계 조작에 강점이 있는 것으로 나왔다. 그는 군 인력들이 대부분 그렇듯 체계 요소에서 평소 스타일 점수가 높았고 전형적인 레드 형이었다. 그는 결국 콜로라도에 있는 연방 정부 산하 공군 기관에 취업했다. 그는 데니스에게 버크만 진단이 일자리를 찾는 기간에 '엄청난 통찰력'을 제공해주었다고 말했다. 그리고 새로운 일을 하는 동안 자신의 진단 보고서를 계속 참고할 거라는 말도 했다.

직업의 제2막

매사추세츠 월섬에 사는 벳시 콜 박사는 직업에서 제2막을 준비하기가 얼마나 어려운지 알고 있다. 벳시는 특히 여성들을 돕는다. 자신이 맡은 여성이 직장생활에서 다음 단계로 어디로 나아가면 좋을지 파악하고, 어떻게 하면 이전 직업보다 보람 있는 일을 찾아줄지 고민한다. 그녀는 사람들이 자신의 고유한 재능을 발견하고 천성에 맞는 일을 찾도록 돕기 위해 버크만 진단과 다른 활동들을 결합하여 활용한다.

벳시는 여성들이 살아오면서 겪은 성공 일화들을 듣는 것을 좋아한다. 그러면서 그들의 성과와 성공을 이끌어낸 주제와 양식을 발견하려고 한다. 벳시는 이런 말을 했다.

"직업은 행동 양식의 표현이라고 할 수 있어요. 특히 인생 후반기에 더 그렇죠. 물론 그 여성들 가운데 직업이 없는 사람들도 있어요. 하지만 그들은 재미로 뭔가를 합니다. 그게 바로 자신을 표현하는 한 방법인 거지요."

장성한 자녀 셋을 둔 50대 중반의 한 여성은 제약회사에 다녔는데 자신이 틀에 갇혀 있다는 느낌이 들었다. 그 여성은 회사에서 자신의 역할이 상사의 '보조자'라고 설명했다. 보이지 않는 곳에서 상사의 성공에 도움이 되는 일을 했지만 '내 인생의 목표는 뭐지?'라는 질문이 머릿속에서 떠나질 않았다.

버크만 진단 결과 그 여성은 전형적인 블루였다. 그러니까 관리 역할이 아니라 장기 전략과 계획을 세우는 일을 더 좋아하는 유형이었다. 또한 지식 전문가나 상담사에 적합하다고 나왔다. 그 여성은 버크만 진단을 비롯하여 다른 진단 도구를 이용한 결과 자신이 현재의 영업직을 떠나고 싶어 한다는 사실을 깨달았다. 또한 시장에 새로운 약을 선보이는 데 도움이 되는 일을 하고 싶었다. 그 여성은 자신이 원하는 것을 제대로 추구한 적이 한번도 없었다. 자신이 무엇을 원하는지 분명하게 알지 못한 점도 그 이유 중 하나다. 그 여성은 코칭을 받으면서 자신의 욕구와 자신에게 열려 있는 기회에 대한 대화를 많이 나누었다. 상사들에게 자신이 무엇을 바라는지 구체적으로 말했고 자신의 멘토들과도 논의를 했다. 얼마 후에는 혼자 리더 역할을 해야 하는 일자리 요청도 들어왔다. 하지만 그 여성은 아직 더 나은 기회를 찾고 있으며 꿈의 직업을 얻는 일에 점점 다가서고 있다. 그 여성에게 꿈의 직업이란 중요한 신약 개발을 촉진하는 유망한 과학 연구를 돕는 전략적 리더다.

은퇴냐, 변화냐?

밥 브루어는 선임 세무사 일을 그만두려고 하는 한 여성을 코칭해주었다. 밥은 이런 말을 했다.

"그분은 "제 나이 50인데 이 일을 계속 해야 하나 모르겠어요"라고 하더라고요. 그분은 지루함과 싸우며 중년의 위기를 겪고 있었어요."

그 여성은 자신이 늘 사서가 되고 싶었지만 어렸을 때 아버지는 여자가 돈을 버는 가장 좋은 일은 회계 분야라고 했다는 말을 밥에게 해주었다. 밥과 그 여성은 버크만 진단 결과 보고서를 함께 검토했다. 놀랄 것도 없이 문학 분야에서 그 여성의 흥미 점수는 90점대였다. 밥은 "90점이 넘는다는 건 그 분야에 열정이 있다는 의미예요. 어떻게 해서든 그쪽 분야 일을 해보는 게 좋을 것 같습니다"라고 말해주었다.

그 여성은 상담도 받고 혼자 많이 생각한 끝에 직업을 바꾸거나 일찍 은퇴하기에는 '현 직업에 발을 너무 깊이 담구고 있다'는 결론을 내렸다. 밥은 그렇다면 작지만 중요한 변화를 주는 것이 좋겠다고 조언해주었다. 바로 도서관에서 자원 봉사를 해보라고 한 것이다. 그 여성은 그렇게 했다. 자신의 진짜 욕구를 충족시키자 충분한 만족감이 들었기에 원래 하던 일도 계속 할 수 있는 힘을 얻었다.

39년 동안 해외에서 일했던 한 미국인 신학자는 아직 은퇴할 마음은 없었지만 2012년에 미국으로 다시 돌아갈 계획을 세웠다. 68세였던 트렌트 하이엇과 그의 부인 비비안은 인생에서 새로운 시기를 시작할 준비를 했다. 그러면서 자신들에게 어떤 유형의 생활양식이 가장 좋을지 고민했다. 선교사 시절에는 동유럽과 러시아에서 교회 역사와 신학과 성경을 가르쳤다. 부다페스트에서 일할 때는 컨설턴트 사이 파머의 권유로 팀원들과 함께 버크만 진단을 받았다. 트렌트는 음악 분야에서 흥미 점수가 예상 외로 아주 높게 나왔다. 그는 자기 사무실에 항상 음악을 틀어놓았지만 음악에 초점을 두고 살지는 않았다. 그는 이러한 발견이 미래 계획을 세우는 데 어떤 의미가 있을지 흥미진진하게 생각했다. 그는 이런 말을 했다.

"전 고전 음악을 정말 좋아합니다. 하지만 그건 취미일 뿐이고 취향일 뿐이지요. 전 자연, 산, 바다 같은 것도 아주 좋아합니다. 조직 신학 박사 학위를 받았고 지금은 선생님이에요. 전 가르치는 일이 좋아요. 그래서 음악이 제게 가장 중요한 가치를 지닌다는 생각은 해본 적이 없어요. 정말 재밌었던 건 다른 모든 팀원들이 버크만 진단 결과를 보고 "당연해요! 우린 알고 있었어요"라고 말했다는 거예요. 전 버크만 진단을 통해 제가 균형을 이루며 즐겁게 살려면 음악이 필요하다는 사실을 깨달았어요. 그것도 많이요. 이러한 깨달음이 어느 면에서는 저를 해방시켰어요. 이제는 죄책감을 느끼지 않고 이 아름다운 열정에 심취할 수 있게 되었지요. 음악은 저의 일부이자 지금의 저를 만들어준 요소들의 일부입니다."

트렌트는 버크만 진단 덕분에 아내와 다음에 살 집은 음악, 연주회, 음악 교육이 일상의 대부분을 차지하는 공간으로 만들리라는 생각을 했다.

사람은 변하는가?

사람은 변하는가? 이것은 좋은 질문이다. 사람들은 이 질문을 버크만 컨설턴트들에게 자주 한다. 흔히 사람들은 버크만 진단을 한 번 이상 받기를 바란다. 자신의 점수가 시간이 지난 후에 변할 거라고 확신하기 때문이다. 우리는 그들에게 그렇게 할 필요가 없다고 말해준다.

버크만 진단은 탄탄하게 구성되어 있으며 통계적으로도 믿을 만한 진단이다. 물론 우리는 진단 결과들을 계속 모니터한다.

개인의 흥미 분야는 젊은 시절에 이미 확고해지며 일반적으로 평생 변함이 없다. 욕구는 개인 특성의 핵심이다. 사람은 시간이 지나며 변하는 듯 보여도 욕구는 계속 일정한 경향이 있다. 중요한 점은 사람은 자신이 변화시킬 수 있는 것만 변화시킨다는 점이다. 그리고 자신이 변화시킬 수 있는 것은 바로 의식이다.

사회화된 행동과 관련해서 사람은 행동을 결정하고 조정하고 발전시키며 상당한 정도로 선택할 수 있는 놀라운 능력을 갖추고 있다. 사람은 사회적 상황에서 자신의 특성을 의식적으로 통제할 수 있다. 그렇기 때문에 평소에 조용하고 내성적이라고 생각한 사람이 어떤 상황에서 놀라울 정도로 외향성을 띠는 모습을 발견할 수도 있다. 혹은 평소에 고압적이던 사람이 남의 말에 귀 기울이는 모습을 발견할지도 모른다.

'사람은 타인과 소통하는 상황에서 겉으로 드러나는 자신의 모습을 의식적으로 바꿀 수 있다'는 것이 버크만 프로젝트의 관점이다. 사람은 겉으로 드러나는 평소 스타일을 바꾸고 조정할 수 있다. 하지만 내면 깊숙이 자리한 본질적인 측면(개인의 욕구와 흥미)은 시간이 지나도 변하지 않는다. 사람은 지각을 바탕으로 개인적 환경이나 업무 환경에 더 효율적인 방식으로 자신의 행동을 조정할 수 있다.

흥미, 욕구, 평소 스타일에 대한 진실이 담긴 버크만 진단 보고서는 당신이 부정적인 스트레스 행동을 최소화하면서 좋은 성과를 내는 데 큰 도움이 된다. 바로 이런 이유 때문에 버크만 인터내셔널은 사람들을 돕는 일에 보람을 느낀다. 이 책에 나온 여러 사례를 보며 알게 되었겠지만 사람은 자신과 타인을 이해하면 긍정적인 변화를 이룰 수 있다. 우리는 사람은 타인에 대한 온정과 이해의 폭이 커질 때 더 바람직한 방향으로 진정 변한다고 믿는다.

사람이 변화시키지 못하는 것은 자신의 본질이다. 자연에서 좋은 예를 찾아보면 나무가 있다. 참나무는 영원히 참나무다. 어떤 시도를 해도 참나무가 소나무로 바뀌지 않으며 아무리 겉모습이 변해도 참나무의 기본적인 특성은 그대로 남게 된다. 도토리에서 성목이 될 때까지 그것은 영원히 참나무의 DNA를 가지고 있다.

바로 참나무로 태어났기 때문이다.

버크만 프로젝트의 핵심 메시지는 누구에게나 특성과 흥미 분야가 있으며 이는 가정, 팀, 조직, 사회에 유용한 가치를 지닌다는 점이다. 우리는 사람들에게 자신의 여러 가지 특성을 수용하고 자신의 흥미와 대인관계와 관련된 욕구를 충족시키는 일에 관심을 기울이라고 권한다. 버크만 진단에서는 여느 진단과 다르게, 영향력이 큰 내면의 욕구가 측정된다. 이러한 욕구는 다른 사람들이 쉽게 발견하지 못하지만 개인을 이루는 중요한 일부분이다.

버크만 프로젝트에서 11가지 관계 요소로 불리는 이러한 욕구들은 땅속에 복잡하게 얽혀 있는 참나무의 뿌리 조직과 같은 기능을 한다. 그러니까, 개인의 내면에 자리를 잡아 영양분을 제공하고 재충전하게 해주는 역할을 하는 것이다. 대인관계와 관련한 욕구를 만족시키는 일은 언뜻 쉬워 보인다. 하지만 사람들은 욕구가 충족되지 않아 쉽게 스트레스 반응을 표출한다. 이러한 스트레스 반응은 자신이 지닌 강점의 이면이다. 버크만 진단은 자신의 특성을 들여다보는 거울과 같은 기능을 한다. 누구나 스스로 들여다보기 쉽지 않았던 자기 자신의 모습을 버크만 진단을 통해 들여다볼 수 있다.

우리는 '사람은 변할 수 있는가?'라는 질문을 다시 언급하려 한다. 그 답은 '그렇다'이다. 물론 내면의 본질은 변하지 않는다. 하지만 사람은 더 나은 선택을 할 때 자신과 타인을 새로운 시각으로 보기 때문에 상당한 행동의 변화가 일어난다. 더 나은 선택을 할 때 더 현명하게 자기 인식을 하게 되며 이로써 자기관리를 더 잘하게 된다. 사람은 자신을 바로 알고 타인을 이해하며 인정할 때 성장한다. 그럴 때 사람은 변화한 것처럼 보일까? 물론이다!

구성원들 사이의 관계가 어떠냐에 따라 회사가 번성하기도 하고 위태로워지기도 한다. 사람은 혼자서 성공하지도, 번성하지도 못한다. 리더십 역시 중요한 요소다. 실제로 한 사람 한 사람 모두 리더라고 볼 수 있다. 리더로서 이끄는 대상은 큰 조직이거나 작은 팀이거나 가정이 될 수 있으며 가장 중요한 대상은 바로 자기 자신이다. 사람은 매일 만나게 되는 사람들과 관계를 이어나가는 방법을 찾는다.

고 버크만 박사는 지난 60년 동안 수많은 사람을 연구하고 수많은 사람과 함께 연구할 수 있어서 고맙게 생각했다. 그러한 연구는 앞으로도 지속될 것이다. 우리는 사람들이 너그럽고 긍정적이고 객관적인 시각으로 자신과 타인을 볼 때 변화하고 성장하는 것을 목격했기 때문이다. 당신은 자기 인식을 함으로써 당신의 강점과 가치를 알고, 당신의 본질에 충실함으로써 편안함을 느끼고 좋은 성과를 내는 방법을 알 수 있다!

버크만 프로젝트

초판 1쇄 발행 2015년 1월 30일

지은이 | 샤론 버크만 핑크, 스테파니 케이퍼렐
옮긴이 | 김은경
발행인 | 홍경숙
발행처 | 위너스북

경영총괄 | 안경찬
기획편집 | 박현진, 노영지

출판등록 | 2008년 5월 2일 제310-2008-20호
주소 | 서울 마포구 합정동 370-9 벤처빌딩 207호
주문전화 | 02-325-8901
팩스 | 02-325-8902

책임편집 | 노영지
디자인 | 썸앤준
제지사 | 한솔PNS(주)
인쇄 | 영신문화사

ISBN 978-89-94747-34-7 (03190)

이 도서의 국립중앙도서관 출판예정도서목록(CIP)은 서지정보유통지원시스템 홈페이지(http://seoji.nl.go.kr)와 국가자료공동목록시스템(http://www.nl.go.kr/kolisnet)에서 이용하실 수 있습니다.(CIP제어번호: CIP2014038158)